滿分
狀元
筆記本

聯合報編輯部｜編著

序言 Foreword

　　好學生的定義是什麼？資優生才能有好成績嗎？

　　能夠在各種競試中拿下滿分佳績的學生令人羨慕，總讓人以為他們有如此優秀的表現，一定有特別的方法，或者比一般人更聰明。為了解開大家心中的祕密，讓讀者了解為何這些佼佼者可以拿下高分，聯合報記者走訪了拿滿分的學生，寫出他們讀書的訣竅，並由聯經出版公司集結出版了《滿分狀元，這樣K出來的》一書。

　　滿分學生的方法各有不同，但重要的是他們都有一套有效率，又很有方法的筆記術，聯合報記者再接再厲，以99年大學學測滿級分的學生為主，請他們告訴大家記筆記的絕招，並以「滿分書房2.0」為主題，由聯經出版公司集結成《滿分狀元筆記本》，提供給學子們實用的學習及讀書方法。

　　《滿分狀元筆記本》中，以99年拿到學測滿級分的學生為主，他們的背景多半並不特別，有的家庭小康、有的來自單親家庭或者經濟狀況並不佳，但不論來自什麼樣的環境，共同的特點是都有一套實用的記筆記方法，難得的是這些學生都不是死讀書，也不見得有錢或有閒補習，卻仍專心地以自己的筆記術，在競爭激烈的考試中勝出。

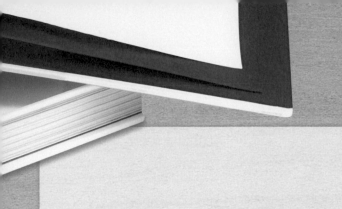

　　像臺南興國高中畢業生李佳儒，家裡沒錢讓她補習，她不輕言放棄，花更多的心血勤做筆記，上課速記重點、下課立即做完整的筆記。她的方法是上課時以鉛筆記下重點，下課後再以原子筆做完整筆記，再加上以不同顏色畫出重點，有的會打上問號，代表還不懂要再請問老師；有的以星號畫重點，加強記憶。

　　桃園武陵高中畢業生黃筑煖，不僅上課時勤做筆記，寫便利貼加深印象，她更愛打太極拳、寫書法等，讓她「文武兼備」，讀書時感覺疲勞、心煩時就會想起打太極拳的情境，或者打完一套拳，讓焦慮的心情安定下來再讀書，更有效果。

　　除了這些滿級分學生外，我們也訪問了國立政治大學英文系教授陳超明、新北市永平中學校長李玲惠、建中老師李宗熹等人，提供他們自己及教學上，如何善用筆記的方法，例如：李玲惠校長教導學生，在模擬考後以不同色筆，在試卷上標示錯誤的地方，加強印象；陳超明教授整理出有效的上課、聽演講等各種不同的記筆記方法等。這些內容都是希望藉由他們的經驗，提供讀者方法，可以找出最適合自己的筆記術，相信只要落實使用、活用，一定可以讓學習效果加乘，創造個人的佳績。

聯合報編輯部

目錄
Contents

第一部 · 滿分狀元教你拿滿分

第二部・滿分爸媽談教養

筆記活用術

滿分
狀元
筆記本

【第一部】
滿分狀元教你拿滿分

【第二部】
滿分爸媽談教養

郭威鎮

知識圖表化，
學習的不二法寶

施鴻基／採訪、攝影

● 小檔案

畢業學校｜臺東高中。

錄取學校｜臺灣大學大氣科學系。

偶像｜臺東高中學長、臺灣追風計畫負責人吳俊傑。

臺東高中學生郭威鎮是臺東縣十六年來首位學測滿級分考生，他自認為不是天才，只是對讀書有興趣，讀起書來可以全心投入，也從來不熬夜、不挑地方讀書，平常就直接在家中飯桌讀書。學校教師和同學則認為「他很不容易分心，以後去做研究一定很適合。」

郭威鎮說，讀書沒有什麼祕訣，就是要「上課專心聽講，回家認真複習，常做考古題」就夠了，兩年半來的高中時光，他都以複習為主，根本沒有時間課前預習，更別說是補習。

馬上解決　不讓問題卡學習

他強調：「學習時遇到問題，要在最短時間內解決，才不會變成後面學習的障礙。有問題可以和同學研究，也可以問老師，或上網查都可以獲得答案，否則一個關鍵不懂，後面就可能卡住，一直累積問題，就會影響之後的學習，形成惡性循環。」

學習語文　多看多讀多寫

以國文科來說，上課認真聽講很重要，看不懂的地方，還有比較特殊的注釋，都要特別標出來，例如：文言文，需要多看幾次才可以。平常也可以多閱讀各類文學作品，久而久之就能融會貫通。

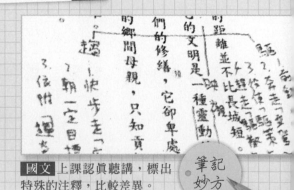

國文 上課認真聽講，標出特殊的注釋，比較差異。

筆記妙方

英文部分，文法熟悉很重要，各種句型結構都要弄清楚，字彙多背，各種變化常練習就能掌握。有時也會觀賞英文教學節目或雜誌，「多看多讀多寫」是學語文的好方式。

物理邏輯　把想像烙腦海

數學重視圖表化記憶，了解其中的原理，比單純背公式好，例如：三角函數，就畫出各種變化，方便理解。有的題型雖然沒有圖案，他也會畫出圖表，「看圖作答，會比只看文字、憑空想像容易。」

物理要在腦海中記得事物變化的邏輯，物理就是萬物運行的原理，很多變化都在身旁發生，如果只是背公式、記原理，會很痛苦，不如從根本去了解原因，在腦中想像變化的情況，自然就會懂。

化學式比較複雜，最好做對照表，比較彼此差別，各種化學變化能夠理解其中的差異，分辨起來就不難。

生物和地球科學，畫圖表是必要的，可以有效幫助理解記憶，有的教師會以投影片教學，自己抓出重點，記筆記擬大綱，老師教的內容，就會成為自己的知識。

出門遊玩　地圖上畫特色

地理以地圖為主，各地的特色和文化再套到上面。不過他提到從小就對地圖有興趣，喜歡拿著世界地圖或各地地圖作為畫圖內容，小時候和家人出去玩，回家後也都會畫地圖，再把各地特色畫上去。

知識圖表化

將重要概念以圖表呈現，可以有效幫助理解，使用對照表可以輕易區分彼此差異。

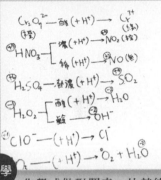

化學
化學式做對照表，比較彼此差異。

生物
畫圖幫助理解，加深印象。

數學
重視圖表化記憶，了解其中原理勝過死背公式。

地科
以自己的邏輯呈現圖表。

關注時事　讀專欄幫大忙

　　歷史則要了解歷史故事的變化，就比較容易知道來龍去脈，因果關係抓得住，學起來就像看故事，比死記硬背有意思多了。

　　公民須關注時事問題，如：報章雜誌的新聞內容，其中聯合報專欄「新聞中的公民與社會」有很大的幫助。

公民 關注時事問題，聯合報《新聞中的公民與社會》有幫助。

　　郭威鎮說，他會記筆記的科目，大多是教師以投影片教學的課程，自己吸收後，畫圖表或記筆記，成為自己的邏輯；其他科目大多直接註記在課本上。

　　部分學生的課本常畫出許多重點，有的還加上許多顏色標示，郭威鎮的課本卻都見不到，他認為顏色太多看起來很亂，反而不利他學習。

★滿分祕訣

1.上課專心聽講，回家認真複習，常做考古題。

2.將知識轉化成圖表化筆記，有利記憶。

3.作息正常，不熬夜。

★學習祕訣整理

【國文】

1. 不懂的部分，及特殊的注釋，都要特別標注，提醒自己注意。

2. 平常多閱讀各類文學作品。

【英文】

1. 清楚各類句型結構。

2. 多背字彙，常練習各種詞性變化，考試時就能直接反應。

3. 觀賞英文教學節目，和閱讀雜誌。「多看多讀多寫」是學語文的好方式。

【數學】

1. 重視圖表化記憶，了解其中原理，比死背公式好。

【自然】

1. 物理科從根本了解原因，記得事物變化的邏輯。

2. 化學式比較複雜，自製對照表，比較彼此差別。

3. 生物科和地球科學，畫圖表可以有效幫助理解。

【社會】

1. 地理科以地圖為主，將各地的特色和文化套到地圖上。

2. 歷史科要了解歷史因果關係的變化，比死記更有意思。

3. 公民科須關注時事問題，如：報章雜誌的新聞內容。

爸媽談教養

培養讀書興趣，
勝過綁在書桌前

爸爸郭鴻英、媽媽蔡慧琴常帶郭威鎮出遊，回來後，郭威鎮會畫出臺灣地圖，再把地方特色畫上去。

　　99年臺東學測滿級分考生郭威鎮，是家中的獨生子，父母都是國中教師，父親郭鴻英原本在臺東新生國中擔任地球科學教師，現已退休五年；母親蔡慧琴還在校教國文。

　　郭威鎮遇到不懂的問題，在校請教老師，或和同學研究，在家就請教父母或上網查，讀書方面，他幾乎沒讓父母操心過。郭鴻英說，高中的問題，有時他一時也未必答得

出，偶爾就上網幫忙查資料，希望在最短時間內，解決孩子的功課問題，以免接下來聽不懂，影響後續的學習。

郭鴻英謙稱，「我覺得威鎮的天分不是最好的，考試也有一些運氣成分在內，但是他夠專心、夠認真，而且對讀書有興趣，能夠考好，只能說他夠努力。」

他說，他和妻子雖然都是教師，但從來不會逼郭威鎮讀書，「我們反而還常常在他讀書時去吵他」，兩夫妻認為「把孩子一直綁在書桌前，反而會對孩子形成壓力，久而久之會彈性疲乏，甚至視讀書為折磨，沒人逼就不讀書。我覺得培養小孩讀書的興趣，應該比較重要。」

他常會在假日帶著兒子出去走走，時間夠就到外地旅遊；時間少就在臺東住家附近利嘉林道，非常方便。郭鴻英說，威鎮沒有太沈迷的事，娛樂也少，個性隨和卻木訥寡言，運動和接觸大自然，可算是他最大的娛樂了。

郭鴻英也反對以金錢鼓勵子女讀書，因為「讀書是為自己，不是為父母。」他說，「應該讓孩子知道學習是他的本分，在學習中可以找到樂趣，並且透過學習可以實現他的夢想。」

「如果威鎮考得好，我們頂多口頭稱讚他，不會給物質獎勵。否則孩子胃口愈來愈大，要的愈來愈多；等到哪天這些誘因無法滿足時，可能就會失去讀書的動力」，兩夫妻想法一致。

郭威鎮在家讀書一直很規律，郭鴻英說，郭威鎮每天都會盡量把當天的上課內容充分複習。放學回家後，先邊吃飯邊看電視，晚上七點到九點複習當天學校功課，接著半小時邊運動邊看電視，之後洗澡，洗完澡再讀一小時，十一點前一定要睡覺。

郭鴻英強調，「我不希望孩子熬夜讀書，我常告訴他要以健康為最優先考量，無論是現在讀書或者以後出社會工作，有好的身體才是一切的根本，所以任何事都不該耽誤睡眠。」

李佳儒

滿分大道，
鋪滿重點記號

劉金清／採訪、攝影

🔵 小檔案

畢業學校｜興國高中。

錄取學校｜甄選上陽明、高醫、北醫醫學系。

家庭背景｜小六時，父親過世。在家排行老二，上有一個姊
　　　　　姊，下有一個弟弟。

臺南縣興國高中學生李佳儒來自單親家庭，家裡沒有錢讓她補習，因此她花更多的心血勤做筆記，上課速記重點，下課立即做完整筆記，兼顧聽講與做筆記，這樣的辛苦有了甜美代價。

　　許多學生常煩惱，上課要聽講，又要做筆記，很難兼顧；有的人只聽講，下課後忘了大半；有的只會死做筆記，未聽講，卻不了解筆記內容，往往落得兩頭空。

? 是有疑問　★是複習重點

　　李佳儒自己的做法是，上課時先以鉛筆記下重點，下課後再憑印象以原子筆做完整筆記，若忘記了可以問同學或老師，「這樣可以記下重點，也可以了解老師的講解。」

　　國文科筆記方式分兩部分處理，李佳儒第一次先針對不懂地方記重點，第二次再針對老師強調重點做記號。

◎ 翻開李佳儒的筆記本

兩階段筆記

Step 1　【上課】
1. 速記重點。
2. 使用鉛筆，方便塗寫修正。

Step 2　【下課】
1. 整理重點。
2. 使用原子筆，保持頁面乾淨有條理。

做筆記時，李佳儒以不同的符號代表不同意義，例如：老師一再強調的重點，她會圈起來提醒自己；有疑問地方打「？」號，再問老師；打「★」記號，列為日後複習重點。

◎ 再翻開李佳儒的筆記本

筆記符號運用

你可以創造更多專屬於自己的筆記符號，但要記得每個符號代表的意義，才不至於混淆。

這個符號是什麼？

疑問？　重要？

＃

補充？

我忘了……

>"<

【舉例】

? →不懂的部分

☆ →重點

△ →待確認

※ →注意

P.S、 →補充

數學科筆記則是除了上課做的筆記外，回家後做參考書練習題，再做綜合筆記，「藉由參考書練習題，找出比較弱的地方，再專攻弱題，就能補強。」李佳儒原本對數學較沒信心，在數學導師李顯達輔導下，加強做練習題，把數學「救」起來了。

$(x+2)^4 - 2(x+2)^3 - 29(x+2)^2 - 34(x+2) + 4$ 除 $x-5$ $r=?$

$= \gamma^4 - 2\cdot\gamma^3 - 29\gamma^2 - 34\times\gamma + 4 \Rightarrow x^4 - 2x^3 - 29x^2 - 34x + 4 \div (x-7)$

$$
\begin{array}{c|rrrr|r}
 & 1 & -2 & -29 & -34 & 4 \\
7 & & 7 & 35 & 42 & 56 \\
\hline
 & 1 & 5 & 6 & 8 & (60)
\end{array}
$$

$\qquad\qquad\qquad\qquad\qquad\qquad$ Ans: 60

$f(x) = x^4 - 8x^3 + 21x^2 + ax + b$, $f(x)=0$ 有 1根 $1+i$, 則 (a,b)? $f(x)<0$?

根 $1-i$ $\quad f(x) = ((x-1)^2+1)\cdot g(x) = (x^2-2x+2)(x^2-6x+7)$, $(a,b) = (-26, 14$

$(x^2-2x+2)(x^2-6x+7) < 0$

$\dfrac{6-\sqrt{36-28}}{2} < x < \dfrac{6+\sqrt{36-28}}{2} \Rightarrow 3-\sqrt{2} < x < 3+\sqrt{2}$

數學 針對上課筆記、參考書練習題，專攻弱題做的綜合筆記。

加深印象　預習功課好處多

英文科除了上課要記筆記外，李佳儒還常看英文雜誌，增強閱讀能力，不懂的文章、單字另做筆記本，有空隨時就拿出來背，她說，「多寫幾次、多背就會記起來」。

至於歷文科與地理科，則針對老師發的講義做重點整理。

李佳儒的讀書態度是，「想讀就認真讀，不想讀就看課外書。」她喜歡看古文、歷史小

restrain — vt.制止 ~sb from Ving
deficit — n.赤字
turn down — 拒絕
faction — n.黨派
fiction — n.虛構.小說
fraction — n.片段
friction — n.摩擦力
density — n.密度　population ~
discrimination — n.歧視
silhouette — n.剪影
armor — n.(U)甲冑.盔甲
purification — n.淨化

poultry — n.
lethal — adj
detergent — a
deleterious —
eq. Too much serious
to your healt
timber — adj
joyous — adj
sullen — ad
hay — n.
adage — n.
proverbial —

英文 常看英文雜誌增強閱讀能力，不懂的單字就做筆記，並立刻背下。

說，清朝孝莊皇太后是她最敬佩的歷史人物，「她有男性的堅毅，也保有女性溫柔婉約的特質，還能不居功。」

如何準備功課？「預習很重要，一定要落實。」李佳儒說，預習好處是老師講解時已有印象，效果會比較好；預習時不懂地方，她就會做記號「？」，老師講解時特別注意聽。

不愛熬夜　讀到瓶頸不硬撐

有人喜歡清晨讀書，有人習慣熬夜，有的要到圖書館讀書，認為比較有讀書氣氛才讀得下書。李佳儒都在家裡讀，下課回家後她先洗個澡，讓全身鬆弛，先複習當天教的理科，「洗澡後精神較好，讀理科比較需要頭腦清醒。」

讀到瓶頸時就休息別硬撐，起來走一下，休息個二十分鐘再繼續，最晚十二點前睡覺，她說，「熬夜會影響隔天上課精神，讀書效果也不一定好。」

搞懂課本　就能拿下基本分

對準備參加指考的考生，李佳儒建議不要輕言放棄，考題基本上分難、中、易三種程度，程度最差的，至少要搞懂課本上基本的題目，拿下基本分數；中上程度可加強做練習題；程度好的可以挑戰較艱難題目。自

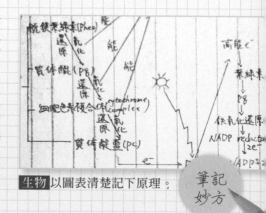

生物 以圖表清楚記下原理。

筆記妙方

然組學生不要輕言放棄社會科，社會組的學生，也不要輕言
放棄自然科，李佳儒說，多一分準備，就有多拿一分機會，
「堅持到底就是你的。」

$1s^2$	$1s^22s^1$	$1s^22s^2$	$1s^22s^22p^1$	$1s^22s^22p^2$	$1s^22s^22p^3$	$1s^22s^22p^4$	$1s^22s^22p^5$
1	8	6	7	5	3	4	2

1.定義：$M_{(g)} + e^- \longrightarrow M_{(g)}^-$　$\Delta H = \Delta E$：電子親和力
電子親和力(能量) 可能為+值 -值

$1s^1$	$1s^2$	$1s^22s^1$	$1s^22s^2$	$1s^22s^22p^1$	$1s^22s^22p^2$	$1s^22s^22p^3$	$1s^22s^22p^4$
2	1	8	6	7	5	4	3

2. 2A. 5A. 8A 可能為正值 (第1電子親和力)
3.鹵素的比較 $Cl > F > Br > I$

p.s.電子同層軌域有核電荷多者游離能大　p.s. Na的昇華熱為a, Na的游離能為b
跟電子數目並無直接關係　　　　　　　Cl_2的鍵能為c, Cl的電子親和力為d
NaCl的晶格能為e, 則NaCl之莫耳生成熱

Na	Mg	Al	Si	P	S	Cl	Ar
$3s^1$	$3s^2$	$3s^23p^1$	$3s^23p^2$	$3s^23p^3$	$3s^23p^4$	$3s^23p^5$	$3s^23p^6$
8	6	7	5	3	4	2	1
$3s^1$	$3s^2$	$3s^23p^1$	$3s^23p^2$	$3s^23p^3$	$3s^23p^4$	$3s^23p^5$	$3s^23p^6$
1	8	6	7	5	4	3	2

$Na_{(s)} \longrightarrow Na_{(g)}$　$\Delta H_1 = a$
$Na_{(g)} \longrightarrow Na^+ + e^-$　$\Delta H_2 = b$
$Cl_2 \longrightarrow 2Cl$　$\Delta H_3 = c$
$Cl + e^- \longrightarrow Cl^-_{(g)}$　$\Delta H_4 = d$
$Na^+ + Cl^- \longrightarrow NaCl$　$\Delta H_5 = e$

筆記
妙方

化學 雖布滿密密麻麻的小字，但一筆一畫都寫得清清楚楚。

NOTE :

★學習祕訣整理 A^+

【國文】

1. 國文科筆記分兩部分處理，第一次先針對不懂的部分記重點，第二次再針對老師強調的重點做記號。

【數學】

1. 藉由參考書練習題，找出比較弱的部分，再專攻弱題補強。

【英文】

1. 常看英文雜誌，增強閱讀能力，不懂的文章、單字另做筆記。

2. 多寫、多背就會記起來。

【社會】

1. 針對老師發的講義做重點整理。

★ 滿分
祕訣

1. 上課前一天預習，不懂就做記號；上課時特別注意聽，先以鉛筆做速記重點，下課再做完整筆記。

2. 不要輕言放棄，程度較差的，至少弄懂課本上的基本題目；中上程度加強做練習題；程度好的挑戰進階題目。

3. 多一分準備，就有多拿一分的機會。

4. 作息正常，不熬夜。

5. 自然組考生不要輕言放棄社會科，社會組考生也不要輕言放棄自然科。

爸媽談教養

默默陪伴，
用愛心早餐給孩子能量

媽媽廖昭惠勉勵李佳儒「認真就有希望」。

「不要輕易向環境低頭，只要認真，總有出頭的一天。」念小六時父親過世，母親這句勉勵的話，李佳儒牢記在心，成為她認真讀書的原動力。

李佳儒小六時，奶奶因病過世，她的父親因傷心過度，中風三週後也相繼過世，李佳儒一度抱怨自己命運乖舛。上國中後，李佳儒意識到逝者已矣，她還有家人、還有自己的

路要走，不能一直沉浸在傷痛中，決心走出悲傷，「人生的挫折，或許更能激勵我努力往前走。」

激勵佳儒往前走的動力是母親廖昭惠，廖昭惠出嫁前，一個哥哥過世，婚後兩個月又一個哥哥過世，佳儒念小六時先生又死了，廖昭惠說，「一連串的打擊，讓我深深體會人生的無常，對人生看得很開。」

廖昭惠回到娘家幫忙務農，每月薪水僅有兩萬多元，一個人要拉拔李佳儒三姊弟很吃力，但她從不喊苦，她常常告訴三個孩子：「人生無常，但要有危機意識，不要想要靠別人，要自己努力站起來，怨天尤人沒有用。」

李佳儒三個姊弟很爭氣，拿獎學金減輕母親的壓力，也讓廖昭惠覺得辛苦有了代價。

廖昭惠的學歷不高，無法指導三個孩子的功課，她只是默默的在一旁陪他們，她堅持每天清晨五時起床準備早餐，她告訴孩子這是媽媽的愛心，孩子吃出了幸福的滋味，常常會問明天早餐吃什麼，讓廖昭惠很有成就感。

「全家人一起吃飯，也是一種幸福。」廖昭惠說，讓孩子有期待，與孩子的互動才會好，對教養孩子很重要。

廖昭惠、李佳儒母女情深，像一對感情親密的姊妹，廖昭惠笑著說，「佳儒有時會笑我不會講話，有時候我見她讀書累了，會幫她按摩；佳儒看我工作累了，也會幫我按摩，大家互相按摩啦。」

李佳儒因奶奶與父親早逝，她萌生學醫救人的心願，她的第一志願就是念成大醫學系，因為在南部就讀可常回家看媽媽與外公。佳儒的孝心讓廖昭惠很窩心，她說，孩子的路讓他們自己選，無論選擇什麼，她都會在背後支持。

廖昭惠諄諄告誡佳儒：「做什麼事都要認真，不管掃地或讀書，做人要誠懇，不要看不起別人，不要向環境低頭，只要認真就有希望。」

　　李佳儒求學之路，有臺南縣家扶中心一路扶持，興國高中善心社也助力不少，讓她感受社會的溫暖，廖昭惠希望佳儒，以後有能力一定要回饋社會。佳儒說，那是一定要的。

NOTE：

NOTE :

_____

_____

_____

_____

_____

_____

_____

_____

_____

_____

_____

_____

_____

_____

_____

_____

_____

黃翔致

擬讀書計畫，
滿級分圓夢

邱瑞杰 / 採訪、攝影

🌑 小檔案

畢業學校｜建國中學。

錄取學校｜臺灣大學。

興趣喜好｜升小三時考上音樂班，主修鋼琴和中提琴；國中
考取師大附中音樂班，升國三時升學為主，學琴
為輔。

建議｜有夢最美，對自己的未來人生要有憧憬，要勇於探索
不同的生活面向，增加人生經驗。

師大附中音樂班畢業生黃翔致，放棄音樂班及直升附中的機會，考上建國中學時自忖：上高中後要當什麼樣的人？

有夢最美　擬定完善讀書計畫

　　黃翔致說，「有夢最美，高中生一定要有夢想」。回想考上建中那年的暑假，參加遊學營，參訪哈佛等名校時，心中就對「做學問」有了憧憬。為了實現夢想，他尋思各科的準備方法，加強實力，高中生涯的每一天、每一週都有讀書計畫，如願考了滿級分。

　　看過聯合報刊載，後來由聯經出版社出版的《滿分狀元，這樣K出來的》，黃翔致許下考滿級分夢想。按部就班準備各科功課，終於圓夢，現在換他分享讀書心得。

廣泛閱讀　國英文高分祕訣

　　「國文科要考高分，沒有速成的方法」，黃翔致說，熟讀課本只能拿基本分，廣泛閱讀課外讀物才能增進學識拿高分。國中時他喜歡讀《幽夢影》和《世說新語》，高中時開始看《古文觀止》，一週一篇，從唐宋八大家的文章開始讀起，再到明清小品，厚實文學根基。

> 召，音ㄕㄠ。
> 周成王的輔佐大臣。周公，姓
> 。因采邑在周，稱為周公。為
> 弟，武王死後，其子成王年幼
> 。其兄弟管叔、蔡叔和霍叔等
> 庚和徐、奄等東方夷族反叛。

筆記妙方

國文　把當頁重要的形音義抄到頁角，複習時只要翻動頁角，就能知道重點。

他說，作文最重要的是常寫文章維持手感，並要活用譬喻法、映襯法等修辭學。他就從歐陽脩寫的〈醉翁亭記〉驗證剟筍法的精義，明白要寫出一篇好文章，靠堆砌華麗的詞句是不夠的，還要用心經營，才能引人入勝。

「讀英文最基本的就是建立單字庫，並大量閱讀，保持語感」，黃翔致單字記得多，課內、外文章讀來都輕鬆。他說英文要考滿級分，就是閱讀要把重點、片語、成語或是介系詞等特別用法記在筆記本上，再查閱字典找例句。

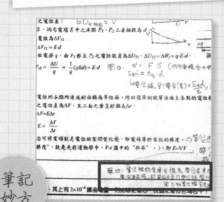

英文 閱讀課外讀物，查出關鍵字字意與用法，記在筆記本上。

筆記妙方

數學物理　公式不能死背

物理 加註「鳳曰」的部分是消化課程內容後的想法。

筆記妙方

「物理的公式最多，背公式能應付學校的段考，但在學測、指考肯定記不完全」，黃翔致認為要讀好物理，和數學的原則一樣，都是好好聽課和大量解題，公式不要死背，如果道理想通了，考試時就導得出來。化學科偏文科，實驗的結果無法在考試時自行導出來，所

以要記公式，化學想拿高分，大量做題目也是不二法門。

　　數學要好好聽課。上課專心聽老師講解，把握住基本分數，然後大量的解題。解題也不只是追求答案，更要追求「漂亮的」解題過程，因為尋求不同解題方法的過程，可以刺激自己去探索已學會的理論，掌握了那些「工具」。

◎ 翻開黃翔致的數學筆記本

加註多種解題方法，考試時若忘了正解，也能用其他解法求出答案。不花時間鑽研刁鑽的題目。

正解

另解❶

解答　另解❷

另解❸

另解❹

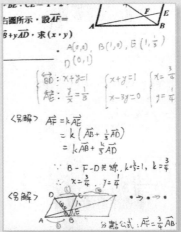

【優點】

尋求不同解法的過程，培養多元觀點、訓練邏輯觀念、刺激思辨能力。

讀歷史著重時間感，讀地理要有空間感。他還保存著昔日自製的筆記，把兩河、埃及、印度、中國和希臘並列，加註同一時期各地發生的大事。讀各地地理時，則會把課本提到的重點畫在地圖上，加深記憶。

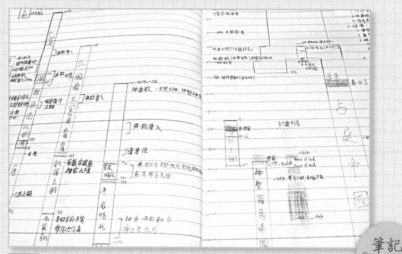

歷史 自製表格、地圖來幫助大腦記憶。讀書要有時間感，不要強記零碎事件。

筆記妙方

充實生活　科展投稿都試

　　他建議高中生不僅要有夢，更要勇於嘗試，以探索不同領域的知識。在建中兩年多的時間，他當過班長、參加科學展覽、到中央大學物理系教學實驗室上課，也投稿建中紅樓文學獎徵文，日子過得很充實。

　　每天，從清晨六點出門搭車上學，到學校晚自習九點半結束，黃翔致回到汐止家中已十點半。他很感謝雙親曾讓他

讀音樂班，累了可以彈彈鋼琴紓解身心的疲憊。

　　黃家是聯合報的老訂戶，黃翔致也有讀報、上網看新聞的習慣，求學之餘不忘掌握時事，學測或指考時可能也能幫助拿到分數。

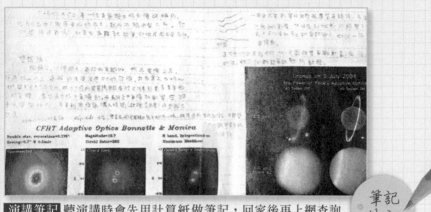

演講筆記 聽演講時會先用計算紙做筆記，回家後再上網查詢圖片，重新整理筆記。

筆記
妙方

★學習祕訣整理 A^+

【國文】

1. 熟讀課本拿基本分，廣泛閱讀課外讀物，增進學識拿高分。

2. 常寫作文維持手感，活用譬喻法、映襯法等修辭，加強文章美感。

【英文】

1. 把重點、片語、成語或是介系詞等特別用法記在筆記本上，再查閱字典找例句。

2. 大量閱讀，保持語感。

【數學】

1. 專心聽老師講解，把握基本分，然後大量解題。

【自然】

1. 好好聽課和大量解題，不要死背公式。

【社會】

1. 歷史科著重時間感。把兩河、埃及、印度、中國和希臘並列，加註同一時期各地發生的大事。

2. 地理科著重空間感。讀各地地理時，把課本提到的重點畫在地圖上，加深記憶。

★ 滿分祕訣

1. 善用時間：
   通勤時背英文、古文，早自習讀英文雜誌，上課用心聽講。

2. 提升效率：
   每週依據課表、考試進度，安排課後課表，循序漸進增強實力。

3. 預習複習：
   複習的效果比預習好，課後一定要複習，最好重新整理上課的筆記，加深印象。

4. 有計畫、有系統、持之以恆的準備功課，就能事半功倍。

爸媽談教養

出糗不責備，
成績別吊車尾就好

黃翔致的爸媽認為，一味逼孩子讀書，可能會破壞親子關係。

　　小學時的黃翔致在媽媽張秀媚的眼中，是個十足迷糊的孩子。她對他功課名次的要求是「全班學生的一半」就好，沒想到他長大能考上建國中學。

　　「不要全班最後五名就好」，黃翔致讀建中第一次段考前，他的爸爸黃本源用這句話勉勵他不要有太大壓力，沒想到他考了全班第二名，之後的大學學測還考了滿級分。

張秀媚說，黃翔致讀小一時看到同學會彈鋼琴，好生羨慕，回家央求她也想學琴。她覺得他只是一時興起，讓他去學琴過過癮，沒想到學著、學著，竟先後考上了福星國小和師大附中的音樂班。

　　「拜託你不要讓臺下的人聽得很難過就好」，張秀媚說，黃翔致小時候個性散散的，不容易靜下來好好練琴，但只要跟他講道理，就會看到成績。像報考師大附中音樂班時，他意興闌珊，她就以「沒考上，老師會丟臉」曉以大義，明理的他還是考上了。

　　黃本源也是建中畢業，兒子成了「學弟」他很開心。他曾試著讀建中的課本，希望能輔導兒子讀書，讓成績更上一層樓，但發現現在的高中教材很靈活，用他早年靠填鴨式教育考上建中、臺大的功力恐「力有未逮」，只能給他精神鼓勵，「自己好好讀」，並在生活上全力奧援。

　　張秀媚認為，教養小孩一定要適性，一味逼小孩子讀書，可能會逼出反作用，破壞親子關係。像她的大兒子自律甚嚴，鮮少要她督促。她只訂出退步三名就一週不能看電視的規矩，從此「西線無戰事」，母子從未在功課上有衝突；反觀黃翔致小時候個性較散，甚至有些好動，她就覺得訂規矩沒有用，改用不斷的柔性勸說，他才聽進去。

　　張秀媚說，教養孩子還有一個觀念很重要，就是孩子出糗時不要責備他，否則孩子內心會更受傷。像翔致小時候有次演奏，不聽她的勸告帶琴譜上臺，結果彈不出來，事後她也是勸他以後要背好，沒有苛責。

　　黃翔致說，很感謝他的爸爸、媽媽尊重他的意願，給他很多的學習空間。在學琴的那幾年，看到許多同學琴藝遠優

於他，讓他體認到「人外有人，天外有天」的道理。上了高中後，在功課上有不懂的地方，就會請教老師或同學，不只成績進步，還學到做人做事的道理。

NOTE：

_____

_____

_____

_____

_____

_____

_____

_____

_____

_____

_____

NOTE :

張博容

小說寫手、英數拿手，
學測衝滿分

李青霖／採訪、攝影

● 小檔案

畢業學校｜新竹高中。

錄取學校｜臺灣大學電機系。

興趣嗜好｜國中擔任數學社與英語會話社長，高中擔任數學
　　　　　研究社長。喜歡閱讀，熱愛籃球與足球。

建議｜參加社團，最大好處是可以和不同班級同學互動。

「不要害怕挑戰，把目標定到最高！」新竹高中學生張博容喜歡挑戰極限，他也如願進入心目中的第一志願：臺灣大學電機系。

　　大學學測前，他在學校的高三模擬考試中，成績中上，但他的目標就是臺大電機系；他不慍不火，按照讀書計畫備戰，克己甚嚴的規律生活，終於如願攀上高峰。

研究數學　互動找答案

　　他的數學啓蒙在國中，老師教學風趣，善用九連環、益智與邏輯遊戲，開啓他研究數學的樂趣，並延續迄今；高一加入竹中數學研究社，高二又當社長，學會黃金三角與數學電腦繪圖軟體，以及教科書延伸的深度議題。除此之外，張博容高一、高二也代表學校參加TRML高中團體數學競賽，拿兩次銅牌。

　　張博容數學拿手、英文也不賴，「學問是長期的累積！」他說，讀建功高中國中部一年級擔任英語會話社長，國二擔任數學研究社長，都是很好的經驗。「參加社團的最大好處是可以和不同班級同學互動」，他喜歡與人討論，很多問題寧願自己找答案，非不得已才找老師。

自然科　重視章節連貫

　　張博容高二也參加生物科展，還有校外的物理、化學營隊。他認為自然科的物理、化學與生物，每個章節都有連貫性，他上課專注聽課，熟記定理，充分了解，下課再與同學討論，探索問題，收穫很多。

小說創作　打作文底子

　　張博容喜歡看小說，武俠、奇幻都愛。高一下學期，班上瘋金庸，同學決定「一起創作」，他說，一開始讀武俠小說會注意情節，愈讀愈多後，漸漸有創作欲，於是利用午休零碎時間，用作業簿寫了三本，總計約一萬字，同學交換看，這樣的訓練，讓他對作文如何敘述、布局和用辭更加得心應手。

國文 記下文章關鍵字，重複閱讀。

筆記妙方

　　高三進入備戰期，他自訂目標。國文部分，每週寫一篇作文給老師批改，「把文章當故事看」，把重要文章的關鍵字，條列式記下來，重複讀，內容自然豁然開解。

歷史畫年表　色字標示

　　歷史也一樣，「強記很痛苦」，只要當作看歷史劇，記下重要歷史事件，就會覺得很有趣。

　　「從他整理的筆記，就能看出用心」，新竹高中校長張瑞欽說，以歷史科為例，他用一張白紙，畫出年表，一份是1669～1861年，一份是1854～1993年，每年的重要大事，例如：影響歷史的重要條約、會議與事件，以藍、紅、橘筆，分別標示，「密密麻麻，很費工」。

歷史年表化

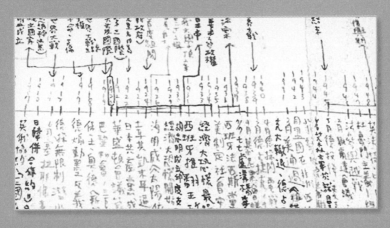

鉛筆	歷史事件
藍筆	重要歷史事件
橘筆	重大會議
紅筆	重要條約

【優點】
1.分層設色，一目了然。
2.歷史條例化，容易記誦。
3.中西外大事，互相參照。

自製單字本　有空就背

　　至於英文，除了學校發的單字本，他自己另外將不容易記的單字寫成一本單字本，有空翻閱，這本手寫單字本，記

下的單字有1595個字之多。

考前兩週，他每天寫一篇國文和英文作文給老師批改。他很感謝竹中老師，連放假都會到學校收學生的作文。

英文 手寫單字本，最多記下1595單字。

筆記妙方

不怕困難　考完必檢討

「寫考古題很有用！」考前一個月，他開始大量寫考古題，規定自己每天至少各科題本寫一回，教科書和講義則針對不了解的地方再加強。

學校考試也是試煉，他每回考完試，會檢討結果，考不好的原因是方法錯誤？還是自己鬆懈？即時修正，他的雙胞胎姊姊張博珣，也會隨時提醒。

「勇於面對問題，不要怕難，更不要放棄」，他相信，只要努力，一定不會白費功夫。

★學習祕訣整理

【國文】

1.自訂計畫，練習作文。

2.將重要文章的關鍵字，條列式記下，重複讀。

【英文】

1.針對自己的弱點自製單字本，有空就背。

2.自訂計畫，練習作文。

【自然】

1.章節都有連貫性，熟記定理，並充分了解，下課再與同學討論，探索問題。

【社會】

1.自製歷史年表，用色筆標示重要歷史事件。

2.將歷史當作看歷史劇，提高興趣，記下重要歷史事件。

★滿分祕訣

1.訂立目標：以第一志願為努力方向。

2.擬定讀書計畫：按照計畫備戰，規律生活。

3.強化弱項：保持強項的水平，弱項部分積極融會貫通，多問多練習。

4.勤寫考古題：熟練題型也訓練手感。

爸媽談教養

自我計畫管理，
雙胞姊弟齊努力

張博容與胞姐張博珣常互相鼓勵，學習遇到問題也能隨時討論。

張博容患異位性皮膚炎，掀開他的褲管，會發現兩腳膝蓋與小腿處，裹滿紗布，每天清晨六點，他媽媽王長虹得花半個小時，幫他包紮。

「國中時更嚴重」王長虹說，他整個胸部、手部和腳，都得包紮，因皮膚患部會滲出黏液，若不包紮，非常不舒服。

這樣的狀況，直接影響學習，注意力無法集中，不過，張博容一路走來，從無怨尤，學業成就也保持高水平，「不要把它當作障礙，要當作考驗，就能積極面對」他從容地說。

張博容的父親張進群在科技界服務，王長虹原在旅遊業，後離職全心照顧雙胞胎兒女。為了醫治張博容的病，小學開始，夫妻倆帶他臺北、新竹跑，也看遍各地中西醫，費了不少心力，所幸，隨著年紀漸長，博容的症狀漸趨好轉。

對孩子的教育，張進群相當開放：購買東方出版社出版的童書給姊弟倆看，父母陪讀，讓他們養成閱讀習慣，也當孩子是好朋友，「看書、做事都在一起」，分享、討論心得，親子間沒隔閡。

張博容高中的目標原是科學園區實驗中學，但總分差6分，他有點灰心，張進群鼓勵他「往前看」，還帶他到竹中校園參觀，新生訓練第一天，他覺得校長談話很誠懇，便定下心學習。

張進群提供孩子企業常用的「計畫管理」概念，學習自己訂定目標、自我完成：「我不主導他們計畫」，讓孩子自己安排項目與進度。姊弟兩人，一在竹中，一在竹女，回到家裡同桌看書，假日一起到圖書館讀書，張博珣像「小媽媽」一樣，很照顧弟弟，「父母無須太操心」。

張進群也不鼓勵孩子補習，他覺得，「跟著學校進度走就夠了」。

他認為，只要上課專注，回家做好預習與複習，再擴展到課外參考書目，按部就班，讀起來輕鬆，壓力也就不那麼大了。

宮良銘

跑步看金庸，
休閒學習一樣重要

鄭惠仁 / 採訪、攝影

● 小檔案

畢業學校｜小學到國中都拿縣長獎。國中基測305分是當年
　　　　　臺南縣最高分，後就讀臺南一中`。

錄取學校｜臺灣大學法律系。

興趣嗜好｜長跑、歌唱、橋牌、下棋。

建議｜1.多參加校內與校外的學科競試，藉由競試促使自己
　　　　能更大量及深入閱讀與探究。

　　　2.一、二年級依照學校的課程按表操課，三年級時要
　　　　做讀書計畫，建立信心。

南一中高三學生宮良銘99年大學學測考到滿級分，是社會組中極少數拿到滿級分的。他的家裡沒有電視，客廳就是書房，金庸小說看了八遍，宮良銘的滿級分很特別。

宮良銘有項讀書的祕密武器，每天放學等父親時，在操場跑三、四千公尺，「跑步後思緒特別清楚，許多不解的問題都想出來了！」

宮良銘的父親宮欽誠從事建築工程，宮良銘小時候就跟著父親到圖書館讀書、借書，雖然家裡沒有書房，連書櫃也看不到，但圖書館就是宮家的書房、書櫃。

高三才轉社會組　衝第一

媽媽在兒子小的時候，買了套自然科學卡帶，宮良銘每天聽，聽出對科學的興趣。小學到國中，成績一直名列前茅，不過他立志要當律師。國中基測305分是當年臺南縣最高分，宮良銘報考南一中語文資優班，老師認為他的數理成績好，讓他讀數理資優班。

讀完高一上學期，雖然成績在全校80名內，宮良銘對自己的成績不滿意，轉到語文資優班，但成績依然停留在班上15名左右。高三轉讀社會組，成績跳升到全班第二名，「我信心大增，認為自己可以更好，愈讀愈有勁，成績往上衝到第一名。」

不懂必發問　不怕被笑

宮良銘對法學、財經有興趣，讀社會組的目標相當明

確，何以偏偏念自然組的數理資優班？「我不想讓自己的程度往下掉」，希望藉由讀資優班，讓程度提升，等升上高三改念社會組時，就能有很充裕的時間準備大學學測的範圍，宮良銘說，這是有計畫性的「策略運用」。

宮良銘說，高一上學期時，同學的實力都很強，為了要拿好成績，每天熬夜，結果上課時打瞌睡，數學成績沒有弄好，還拖垮其他科目。一年級下學期逐漸修正，不熬夜並且做好課前預習，各科成績也跟著進步。

「不懂一定要發問，不要怕被笑。」宮良銘表示，一年級時不太敢問問題，因為看到其他同學成績那麼好，怕所問的問題會被同學笑。不過，等鼓起勇氣問問題後，這些擔心都是多餘的。

IWILL平臺　助英文寫作

許多人習慣邊讀書邊聽音樂，宮良銘說，一邊聽音樂一邊讀書，無法專心，即使有人講話都會覺得吵，「自己隨身攜帶耳塞，若吵就塞耳塞。」

各科的準備方面，宮良銘說，他準備數學首重基本觀念，而且每一個步驟都要弄懂，絕不能有空白，「基本觀念清楚，

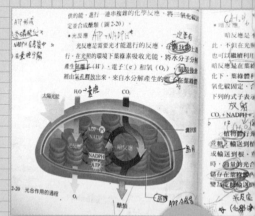

生物 整理各版本補充重點，並寫在課本空白處。

筆記妙方

再複雜的問題都能迎刃而解」。宮良銘建議在準備生物科時，要讀熟課本，而且跨版本讀；化學科要多利用口訣背誦。

英文的寫作，宮良銘建議學生可多要求老師帶他們上IWILL網站的寫作平臺，這一平臺很受用，相信英文寫作程度會有明顯進步，除

筆記妙方

化學 熟記及利用口訣幫助背誦，並在課本上貼補充資料。

此之外，還要大量閱讀。國文科多背佳句及多讀國學常識。上課時準備筆記本，抄錄課本沒有的補充內容，或是寫在課本上。

做考古題　考前密集複習

學測多考基本觀念，建議先做考古題，了解命題型式、內容後，早做準備，並分配時間，在考前做密集性的複習，而且一定要閱讀聯合報教育版專欄「新聞中的公民與社會」、「新聞中的科學」等，會有意想不到的收穫。

◎ 翻開宮良銘的筆記本

建議準備筆記本，在上課時記下補充內容，並在課本上
註記重點。記重點時不要只寫關鍵字，要把句子完整抄
寫下來。

• •

國文
抄寫佳句與國學常識。

英文
大量閱讀，手寫加強印象。

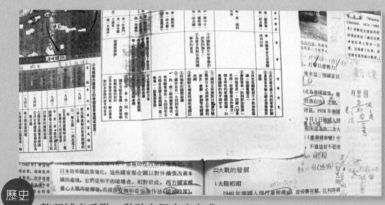

歷史
整理補充重點，黏貼在課本空白處。

★學習祕訣整理 $\mathcal{A}^+$

【國文】	【數學】
1.多讀佳句及國學常識。	1.首重基本觀念，弄懂每一個步驟。

【英文】	【自然】
1.上IWILL網站的寫作平臺，練習寫作。	1.生物科要讀熟課本，且跨版本讀。
2.大量閱讀。	2.化學科多利用口訣背誦。

★滿分祕訣

1.課前預習。

2.準備筆記本，抄錄課本沒有的補充內容，或是寫在課本上。

爸媽談教養

爸陪讀媽念讀，
全家一起拚

臺南一中學生宮良銘大學學測滿級分，老爸宮欽誠自小培養他的讀書習慣。

　　宮良銘學測考了滿級分，推甄上了臺大法律系，他的媽媽李麗芳、爸爸宮欽誠教孩子的祕訣就是「身教」，和孩子一起讀書。宮良銘讀書讀太久，眼壓就會增高，很不舒服，宮媽媽說，晚上宮良銘讀書讀累了，她就念讀，讓兒子「聽書」，而且效果很好，每次約1到2個小時。李麗芳說，這種「全家一起拚」的作法，很能激發學習潛能，及營造用功讀書的氣氛。

李麗芳說，她與丈夫都喜歡讀書，閒來無事就看書，兒子耳濡目染也喜歡讀書，但書都不是買的，而是到圖書館借，也因為如此，宮良銘大量閱讀課外讀物。

小時候就讓宮良銘讀經，包括《中庸》、《大學》、《三字經》、唐詩，而且很有興趣，且能背誦。小時候看不出效果，上了國中、高中，國語文能力特別強，愈是國學常識愈難不倒，這就是讀經的收穫。

何以家裡沒電視？宮媽媽說，兒子小二時喜歡看卡通，許多電視節目不是打打殺殺就是為政治吵吵鬧鬧，於是移走電視。宮良銘起先也會吵著要看卡通，但幾天後就習慣了，他們的娛樂就是聽收音機。

宮良銘從國中起就沒有補習，宮媽媽說，不要一開始就把孩子丟到補習班，不要認為「孩子沒補習就不會，應讓孩子有自己解決問題的能力」，試著丟個字典給孩子自己去找答案。

宮媽媽表示，宮良銘高一時參加辯論，曾忙到很晚才回家，她曾氣得把書包丟在地上，親子關係曾因此緊張過。不過，宮良銘是聰明的孩子，發現自己確實過於投入，而且因晚回家，延後讀書時間，經常熬夜，課業沒進步反退步，終能了解問題而克制。

「親子關係很重要，做父母的不要忙著賺錢，忽略和孩子交心。」李麗芳說，多關心孩子，和孩子交心，特別是國中階段，孩子和父母親近，也就會把學校及班上狀況告訴父母，進而防止孩子交上壞朋友等問題發生。

林榮廷

筆記本就是課本，滿分狀元想當醫生

陳信利 / 採訪、攝影

🔵 小檔案

畢業學校｜基測293分，捨建國中學讀斗六高中數理資優班。

錄取學校｜成大、北醫榜首及陽明、高醫等四校醫學系，醫
　　　　　學系「連中四元」打破斗六高中創校紀錄。最後
　　　　　決定就讀成功大學醫學系。

興趣嗜好｜以聽音樂來調適壓力，也設部落格和網友交誼。
　　　　　游泳是他最喜歡的戶外運動。

「不要讓問題過夜，不懂就要趕快找老師問或和同學討論，累積越多問題會越搞不懂，最後就會沒興趣了」，雲林縣國立斗六高中學生林榮廷分享自己的讀書心得，立志未來能當醫生，服務更多弱勢民眾。

不宅在家　愛游泳也關懷弱勢

走進林榮廷僅約二坪大的書房，擺設簡單卻井然有序，書櫃有教科書、參考書，及他愛看的醫學人文、外文等課外書籍。書讀累了，以聽音樂來調適壓力，也設部落格和網友交誼，而游泳更是他最喜歡的戶外運動。

林榮廷曾擔任班長、日語會話社社長，也參加春暉社當志工沿街募集發票救植物人，到安養中心探視老人等，他說這樣可以關懷弱勢又能增進人際關係。

斗六國中第一名畢業的林榮廷，國中基測成績二百九十三分，原可上建國中學的他，選擇就讀斗六高中數理資優班。成績始終保持前三名，學測考了滿級分，順利跨過醫學院筆試門檻，甄試上四所大學醫學系，最後決定就讀成大醫學系。

才華洋溢　文學數理都獲獎

林榮廷參加校外競賽也屢屢獲獎，曾在清華盃化學競賽拿到銅牌，通過99年生物奧林匹亞國手初選，參加AMC12美國數學競賽獲非常優良級，也通過中高級英文檢定初試，及獲第二屆聯合盃作文大賽佳作獎，是才華洋溢的優秀生。

融合語言　自創語法寫日記抄筆記

他對外國語言特別有興趣，主要是受在外銷公司任職經常出國的父親林志修影響，父親是他的英語啓蒙老師，而日語發音是從卡通「哆啦A夢」學會的。除英文流利、日語讀寫不成問題，對法文也略有涉獵，韓文、阿拉伯文及俄羅斯文等基本字母也都懂。

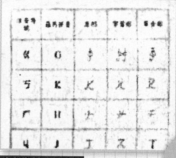

標準林榮廷語 以日語及英文等文字排列組合，創造自己才看得懂的筆記。

筆記妙方

「因為怕日記被偷看，小學三年級就發明自己才看得懂的林榮廷語草案」，林榮廷說。他以日語五十音及英文二十六個字母為基礎，再融合各國語言特色排列組合，終於在國一時完成有系統的「標準林榮廷語」，寫日記或抄筆記時和中文交叉使用，獨具林氏風格。

「林榮廷的課本就是他最好的筆記」，他把老師的補充內容抄在課本上，每頁課本空白處都是密密麻麻註記。林榮廷表示，把老師提示的重點及補充資料，有條理地抄在書本上可方便閱讀，省去再核對筆記簿的麻煩。

調配時間　從不讓問題過夜

談到讀書方法，林榮廷說，要讀好書沒有制式方式，「只要適合自己就是最好的方法」。他的方法很彈性，會把

讀書、休息時間調配好，不會一心兩用。上課時認真聽講，課後勤複習，多做各類題目，不要排斥任何一科，哪科較弱就要趕快補強跟上老師進度，不懂的問題一定要馬上釐清，「觀念清楚」自然能將問題化繁為簡考高分。

吸收新知　時事是最好的考題

　　林榮廷表示，家裡是聯合報十多年的老訂戶，他每天必看聯合報，長期累積下來，從中獲得許多課本得不到的正確觀念及最新時事，尤其教育版的公民與社會、科學等專題，對釐清觀念、增加新知幫忙很大，有助考試拿高分。

★滿分祕訣

1. 妥善規劃讀書、休息時間，不要一心兩用。

2. 上課認真聽講及勤做筆記，課後要複習。多做各類題目，不懂的題目要馬上問老師或和同學討論。

3. 不要排斥任何一科，哪科較弱就要趕快補強。

4. 多看報紙了解時事，尤其是聯合報的教育版。

課本=筆記本

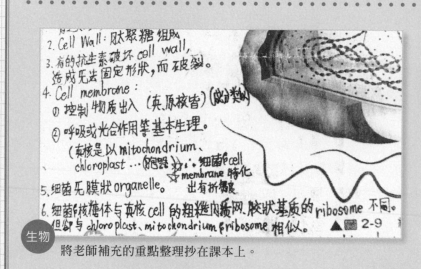

生物

將老師補充的重點整理抄在課本上。

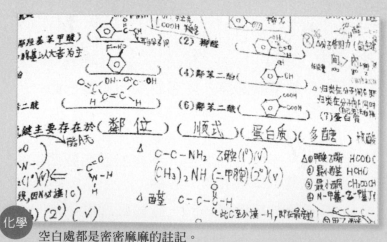

化學

空白處都是密密麻麻的註記。

average of 8, 10, and 12 is 10.

r [leɚ] n. [C] a thickness of some material spread over a surface 層
favorite dessert is chocolate sponge cake with layers of cream an
colate. 1. layer cake 夾心蛋糕   3. the ozone layer 臭氧層
      2. chilly (a.) 冷   chili 辣椒
n [pɑm] n. [C] a kind of tall, unbranched tree 棕櫚 : the inner surfa
e hand 手掌 (手の平)   1. green thumb (good at gardening) 2. 食扎
rother made me a grasshopper out of a palm leaf.   fingerprint 指紋
e and more digital devices are made to fit into the palm of your hand
            bend over
[fold] v. [T] to double or bend cloth, paper, etc. over upon itself 摺疊
folded the letter in half and put it in her pocket. (v.) 緊抱 folding bed
(倍) twofold 兩倍 three-fold 三倍

英文　在課文旁抄下相關的詞彙。

【優點】
1. 筆記與課文相對應，方便閱讀。
2. 節省額外整理與查找筆記的時間。

【注意】
1. 條列式筆記，可避免頁面凌亂。
2. 複習大範圍內容時，尋找筆記費時，且攜帶不易。

【建議】

課本筆記本適合小範圍考試複習使用，例如：小考、段考。大範圍考試，例如：模擬考、學測、指考，則另外準備各科專用筆記本，以利概念統整，較省時省力。

讀書如入寶山，
父母勉努力滿載歸

林榮廷的父親林志修及母親林秀宜，對孩子有益的事都全力支持。

　　林榮廷的父親林志修是一家外銷公司國外部業務經理，母親林秀宜是家庭主婦，妹妹林資芳就讀臺南縣敏惠護專。林志修夫婦從小就灌輸子女「唯有讀書才能改變一個人的命運」觀念，所以兄妹都很喜歡讀書，從不用父母操心。

　　「我們從不給子女讀書壓力，也不會為他們設定未來職業目標，只讓他們知道讀書的好處自由發揮，再從旁提供意

見」，林志修說。他常教導孩子，讀書能改變一個人的氣質、內涵，能拓展視野及建立正確人生觀，這是用錢買不到的收穫，「書有如一座寶山」，不論貴賤，入寶山的機會都是平等的，只是會空手而返或滿載而歸？就要看自己的努力了。

榮廷立志當醫生救人；妹妹資芳讀的是牙體技術科，以最高分入學、也保持班上第一名的她，護專畢業後將繼續到技術學院相關科系就讀，目標就是學得一技之長。

兄妹倆對求學與工作都有自己的方向，林志修夫婦經常勉勵他們要有悲天憫人的心，凡事知足常樂，更要懂得感恩與回饋，未來行有餘力時，一定要去幫助窮困人家。

林志修表示，因工作關係經常到國外，在世界各國所見所聞都會和子女分享，兒子可能受到他的影響，對外國語言產生濃厚興趣，也開拓了他的國際觀；全家人也經常利用休假到臺灣各地參觀大型展覽，像臺北故宮就去了五、六次，聯合報主辦的米勒畫展、微笑彩俑展等也都去看了，受益良多。

林秀宜靦腆地說，子女讀書都自動自發不用她操心，只要是對孩子有益的事他們都會支持。榮廷則不忘讚美媽媽說，她做事嚴謹、細心，待人親切和藹，「尤其對家庭辛苦奉獻，是典型的賢妻良母，全家人都感激在心」，榮廷的貼心話，讓媽媽露出窩心的笑容。

黃立

愛寫詩詞，
書包裝滿彩色筆記

楊德宜/採訪、攝影

🔵 小檔案

畢業學校｜國立武陵高中數理資優班。

錄取學校｜臺灣大學醫學系。

興趣嗜好｜詩詞創作、聽音樂、打桌球和排球。

偶像｜作詞人方文山、歌手周杰倫、TANK。

座右銘｜做任何事不要讓未來的自己後悔。

國立武陵高中數理資優班應屆畢業生黃立，喜歡創作詩詞，是學校風雲人物，他學測滿級分，順利錄取臺大醫學系。他有一本「死亡筆記本」，每一頁是兩個月的進度表，故意排滿行程，「給自己壓力」。

　　黃立高中三年來所有筆記本都是32開本大小，「好攜帶，可以塞在書包、袋子裡」，不同顏色代表不同科目，他將黑色筆記本取名死亡筆記本，其實是行事曆，裡面夾著厚厚一疊回收紙，每張背面是每兩個月份的行程表，「每一天都在計畫之中，包括玩樂、比賽，一直增補」。

◎ 進度筆記本

進度筆記本記錄每一日大小行程，包括複習範圍、學校活動與私人邀約等等，可隨時增補或刪減，提醒自己按表操課，照計畫執行。

藍筆	放假、朋友邀約、學校活動
紅筆	重要考試日期及範圍
鉛筆	複習進度

勤做筆記　寫練習題

黃立與弟弟黃威共用一間書房，他使用大桌面的辦公桌取代學生書桌，椅子後面就是開放式書架，他說，所有要讀的東西要「伸手就拿得到」。桌上會有放三疊書的空間，位置依序是準備要讀的、正在讀的、已讀完的，書架中央一排是最近會重複使用的參考書籍。

黃立說，無論任何科目，他都勤做筆記、寫練習題，國文科、生物科的筆記，他都寫在講義上，用不同顏色筆做筆記，一目了然，「深藍色寫老師特別強調、必考的，淺藍色是老師補充內容」，螢光筆只標出關鍵字，如果整段都是重要的內容，就用黃色蠟筆標出來。

了解作者　理解想法

黃立說，國文科每篇教到某個作者，他會找出作者其他作品，了解背景、寫作風格，「理解他內心想法，對讀他的文章很有幫助。」英文科筆記做得勤快，將同義字句、特殊用法寫下來，只要考過一次就打一顆星號，「學測考前十分鐘，我就挑打很多星星的看。」老

筆記妙方

英文 以星號標示重要性，考前十分鐘，只讀打最多星號的筆記。

師會影印同學優秀的英文作文，不錯的句子、用法他會畫重點，謄在筆記本。

◎ 翻開黃立的筆記本

書寫筆記時依筆記的內容功能使用不同顏色的筆。不需使用過多顏色，選擇鮮明的色筆為佳。最重要的是要清楚定義每枝色筆的功能，不要混淆。

【以國文筆記為例】

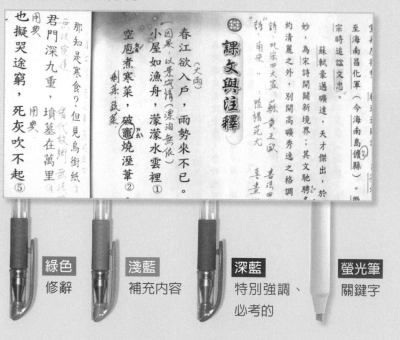

綠色
修辭

淺藍
補充內容

深藍
特別強調、
必考的

螢光筆
關鍵字

弱點補強　挑戰難題

　　數學科每教完一個單元，他花三個小時做題目，「感覺自己弱的題目就全做，覺得懂得就挑看起來難的做」，再去和同學討論特別的題目。

　　黃立說，數學、物理題目寫完一遍，如果解法特殊或特別重要，他就在題目旁標示「極難」等提醒字句，考試前就挑有標示的題目看，「重點是觀念和對題目的感覺，看到題目就可抓到這題精髓。」

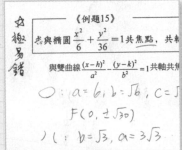

數學 在容易出錯的測驗題旁標示，針對易出錯的題目補強。

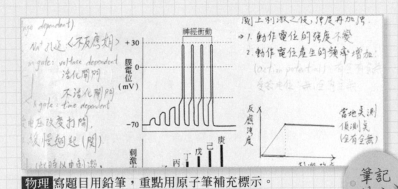

物理 寫題目用鉛筆，重點用原子筆補充標示。

筆記
妙方

熟記地圖　看圖聯想

　　歷史科、地理科會一起讀，「考試通常是跨章節考，多做題目才能融會貫通。」他會把美國有重要貢獻的總統列

出來，「對了解時序有幫助」；他還自己整理中國相權演變史，「雖然這章節刪掉了，但考題常見」；研究歷史戰爭時，他會找地圖研究進攻路線，「經過之處會接觸什麼民族，會有衝突存在，要能有聯想力。」

筆記妙方

生物 除了背圖外，無法光靠圖理解的章節，就另外整理筆記。

生物科是他的最愛，他還有大學教科書《生物學》，「我背圖片，再小的重點，可以用圖片講完，每個題目看到就可聯想到典型圖片」，通常理科要多看題目，但生物科是看圖片和理解觀念，「一張圖可以取代所有說明，圖記起來再也不會忘掉。」

化學科很多計算，要背的很多，容易忘，「因為不擅長，只好一直背。」

新聞中的科學　不錯過

「我喜歡寫詩、詞」，黃立把方文山的書《青花瓷》擺在書架正中間，他說，國文科本來就是他的興趣。

從小就看聯合報，絕對不會錯過「新聞中的科學」，「很不錯的觀念，用很淺顯的文字讓人讀懂」，多閱讀一定對寫作會有幫助。

★學習祕訣整理 A^+

【國文】

1. 教到某個作者，找出作者其他作品，了解背景、寫作風格，幫助閱讀理解。

2. 平常練習寫小品，增進語感。

【數學】

1. 每結束一個單元，花三個小時做題目，補強弱的部分。

2. 理解觀念和多做練習題，看到題目就能抓出精髓。

【英文】

1. 將同義字句、特殊用法做筆記，只要考過一次就打一顆星號。考前十分鐘，只挑打很多星星的看。

【自然】

1. 生物科以圖片理解觀念。

2. 化學科多背、多計算。

【社會】

1. 歷史科、地理科一起讀，融會貫通。

1.給自己壓力，規劃超前的念書進度。

2.參考同學讀書方式，調整自己的步調。

3.任何科目都勤做筆記、寫練習題。

4.用不同色筆做筆記，清楚分層重點。

5.用圖片方式記憶，預習複習很重要。

6.必看聯合報「新聞中的科學」。

客廳沒電視，
只有沙發、桌球桌

黃立督促自己的動力，是他的父母，在大陸工作的父親還特別
為他到山東省曲阜孔廟跪求考運，母親林麗梅（左）幫他披掛
求得的披巾。

　　黃立從小愛讀書，不怕考試，國中以第一名畢業，讀武
陵高中數理資優班維持第五名。他認為，衝上滿級分、錄取
臺大醫科，關鍵是在大陸工作的父親，為他開車一千公里路
到曲阜孔廟跪求考運，父親求來的哈達他就掛在書架上，不
是靈不靈驗的問題，「我很感動，不能辜負他的期望」。

黃立的父親黃勝吉是日立空調青島分公司業務經理，母親林麗梅是家庭主婦，「爸媽給我很好的環境」，他說，家裡唯一一間書房是給他跟弟弟共用的，家裡唯一一臺電視在父母房間，客廳只有沙發和桌球桌，因為兄弟倆都喜歡打桌球。

　　黃立會自動自發讀書，父母影響很大，他小二有次半夜起來，發現父親為準備技師考試，挑燈夜讀，「他在餐桌看書，把書房給小孩」，他到現在還記得那畫面。林麗梅說，她不在小孩讀書時看電視，「我看我的聯合報，每次看報都要兩個小時，不會無聊。」

　　林麗梅說，母子每天花很多時間聊天，兒子很可愛，「國中時家用電話擺他書桌，他每晚等同學問問題」，黃立說，高中三年換他常問同學功課，「被問問題、問問題都很快樂。」

　　林麗梅說，她與丈夫從不管小孩功課，「只希望他們快樂就好」，黃立自動自發、自律甚嚴，「從沒擔心過他，不會對他前途太要求」，黃立抱怨，「媽媽從不看成績單，簽個名就還我」，林麗梅笑說「我知道他不會故意考差。」

　　黃勝吉遠在大陸，關心小孩的方式令黃立感動，林麗梅說，學測一月底考試，丈夫為了黃立，元旦那天從青島開車到孔子故居的曲阜孔廟求考運，後來託回臺的同事將祈福過的披巾帶回。

　　黃立說，他看到父親為他跪求考運的照片時嚇一跳，很感動，當他錄取臺大醫科，他才安心，傳簡訊給爸爸，「我寫說要努力幫我賺學費」，遠在大陸的黃勝吉樂翻了，「爸爸在那邊放鞭炮，還辦桌請同事。」

江亦涵

目標75+1級分，衝出滿級分

吳淑君／採訪、攝影

🌑 小檔案

畢業學校｜國中基測290分，考上宜蘭高中數理資優生。

錄取學校｜繁星計畫上臺大資訊工程系。

補習科目｜英文。

興趣嗜好｜打籃球，一天不打球渾身不對勁。

建議｜1.興趣最重要，不要受分數左右。

2.讀書是在為自己的未來鋪路，上高中不要想著玩
樂，可以適當調適，但要把自己逼緊一點。

大學學測滿級分是七十五級分，99年大學學測宜蘭女狀元江亦涵把目標設在「七十六級分」，最後衝出滿級分。她是宜蘭高中數理資優生，曾獲數理能力競賽東區冠軍；管樂社的小號手；班際籃球賽明星球員，一局可以獨得十五分，學校每年六點八公里的越野賽，拿過冠、亞軍。她從小到大只補英文，每天騎腳踏車上學，悠哉快樂，高三上才卯起來讀書，能考到滿級分，師長同學都感到意外。

先定最高標　盡全力達成

　　江亦涵在家裡靠書桌的牆上，用筆寫下小小的「七十六級分」，原來她把目標設定得較高，全力衝刺。她說，國一時老師告知要考上北一女，最少要二百八十分以上，她下定決心要突破這個分數，果然考了二百九十分，不過她並沒去讀北一女，而是留在宜蘭；考大學，她也是先定目標，而且是最高標，然後盡全力去達成。

邊吃早餐　邊背英文單字

　　江亦涵皮膚黑，外號很多：小男生，陽光女孩，小黑炭，她都歡喜接受。她父親是宜大兼任老師，母親是國小老師，求學路上讓同學很羨慕，但江亦涵說，父親講解一個題目花十分鐘，再花五分鐘延伸相關問題，最後再附贈十五分鐘的大道理，她寧願問同學，萬不得已才會問父親。

　　每天早上利用吃早餐和騎腳踏車上學途中背英文單字，

上課前沒有特別預習，但會先翻一翻，了解這堂課要講些什麼，上課全神貫注。英文的學習方法是多背單字、多看課文，她還訂空中英文雜誌輔助。

Here you go /are.　你要的東西在這

2. S.C. + be + S　（主詞の修飾語太長）
The days when I lived happily with my grandparents are
→ Gone are the days when I lived……

Wide is the road to war ; narrow is the path to peace.
Happy is he who is cotented (知足)　Happiness lies i

英文 加讀英文雜誌，把單字、文法抄下來，利用空檔背誦。

筆記妙方

最愛打籃球　從來不熬夜

放學第一件事就是打籃球，一天不打渾身不對勁，六點吃晚餐，七點回教室看書到九點，再騎車回家，念到十一、十二點，過了十二點感覺字都在飄，她無法熬夜，上床睡到早上六點起床，再繼續奮戰。

江亦涵的讀書策略是早上、剛打完球、洗完澡精神最好時，讀社會等需要記憶的科目，效率最好。下午想睡覺，或睡前精神不濟時，換看要動腦筋的數學及物理。

化學老卡住　事後必弄懂

數學要一直練習，物理、化學也是要多算，多練習。

她上化學課時很容易「卡」住，不知老師在講什麼，心裡很煩，但事後一定會花時間把它弄懂。

　　國文課時，老師都會補充、比較，她就抄在課本上，一些文言文很難懂，她會把它畫出來，善用圖像記憶，複習、學測前她都看課本，沒有特別買參考書。

◎ 翻開汪亦涵的國文筆記本

將難懂的文言文轉化成圖像，節省做筆記時間，及加深圖像記憶，一目了然。

• •

【以〈始得西山宴遊記〉為例】

呼應原文：
攀援而登，箕踞而遨，則凡數州之土壤，皆在衽席之下。

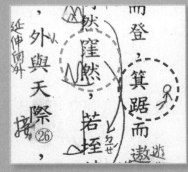

圖解注釋：
箕踞──兩腿叉開像簸箕一樣坐在地上。
窪然──深陷的樣子。

地理 把重點寫在底圖旁，一目了然。

公民課文很不白話，她自己得翻譯一遍，在心裡講給自己聽，印象會更深刻，社會科要多看整理過的圖表，多做題目。

歷史 直接把筆記記在課本空白處。

把自己逼緊　替未來鋪路

江亦涵認為，讀書最重要的是，要找一個很好的環境讀書，她之前曾試過去圖書館讀書，但太安靜了，會讓人想睡覺，她後來都在教室讀書，因為有同學可以討論。

江亦涵常告訴學弟妹，現在讀書是在為自己的未來鋪路，上高中不要想著玩樂，可以適當調適，但要把自己逼緊一點。

江亦涵和姊姊江曲涵都是繁星計畫的「星星」，江亦涵捨臺大醫學系，念臺大資訊工程系，她認為興趣最重要，不要受分數左右，她很早就知道自己要什麼，而且很篤定。

★學習祕訣整理

【國文】

1.補充筆記抄在課本上。

2.善用圖像記憶文言文。

【英文】

1.利用時間多背英文單字，多看課文。

2.訂英文雜誌輔助學習。

【數學、自然】

1.多算，多練習，事後一定會花時間把它弄懂。

【社會】

1.多看整理過的圖表，多做題目。

★滿分祕訣

1.訂定最高標，盡全力去達成。

2.上課全神貫注。

3.時間分配策略：精神最好時，讀社會科等需要記憶的科目，效率最好；精神不濟時，換看需動腦筋的數學科及物理科。

4.尋找合適的環境讀書。

爸媽談教養

嘮叨的大道理，
影響孩子一輩子

江亦涵一家人很親，無話不談。

　　江協堂、吳秀容都是老師，家有三千金，老大、老二都循繁星計畫上明星大學，老二大學學測還考了滿級分，他們是怎麼教出這樣優秀的孩子？江協堂說，他常講故事、大道理，雖然被孩子嫌嘮叨，但他知道孩子聽進去了。

　　吳秀容在礁溪四結國小教書，曾獲頒特殊優良教師，她教過的學生一樣出色，吳秀容說，她很要求孩子的品性，見

到長輩要打招呼，放學回家先寫功課、彈鋼琴，字寫不好撕掉重寫。

她買了很多繪本，養成孩子閱讀習慣，還帶孩子到圖書館借書。亦涵小三就看金庸小說和哈利波特，理解程度比姊姊好，國中則要求寫評量，養成讀書計畫和分配時間的習慣。

目前還在讀臺大海洋所博士班的江協堂說，健康比成績重要，他在孩子很小的時候陪她們跑操場、打球，亦涵念小學時雖然是球隊唯一的女生，但基本動作練得一點也不馬虎。寒暑假他們都會安排出遊，讓孩子開眼界，也留下全家人美好回憶，他在家裡放了許多地圖，增加孩子世界觀。

亦涵國中遇到陳又慈老師，為她生命開啓了特殊的際遇。亦涵國一時，陳又慈老師帶她跟同學到林口長庚陪癌症兒童玩，亦涵國二就自己一個人上林口長庚當志工，她不敢開口問上次一起玩的小朋友怎麼不見了，盡力把歡笑和陽光帶進病房，當志工讓她學會珍惜當下，遇到問題也想得比較深遠。

江協堂很愛在餐桌上分享所見所聞、故事或是科學資訊，解題更可以從一個定律講到人生大道理，他常告誡孩子，做任何事都要專精、投入，他的求學過程也深深影響孩子，他沒補過習，上課認真聽就是最好的學習，理科懂了，還要能出題考同學才厲害，他以前常和同學考來考去。

「又來了！」亦涵三姊妹聽到爸爸又要講大道理，常慘叫抗議，不過她在勸導同學時，常引用「我爸爸說……」她對爸爸的大道理還是聽進去了，江協堂認為，父母的話會影響孩子一輩子，就算會被嫌嘮叨，該講的還是要講，三個孩子和他很親，家裡充滿歡笑聲。

楊博亞

理工腦袋、文學手感，拚滿分

喻文玟／採訪、攝影

⬤ 小檔案

畢業學校｜臺中一中國科會高瞻計畫實驗班。

錄取學校｜臺灣大學物理系。

興趣嗜好｜棒球、籃球、桌球、臺中一中合唱團男低音、美
　　　　　工編輯。

英文檢定｜全民英檢中級、TOEIC測驗845分。

楊博亞是臺中一中國科會高瞻計畫實驗班學生，99年大學學測考到滿級分。物理是他的最愛，「這是一門最純粹、樸實的科學，只要跟著規則走就能找到答案，它有無遠弗屆的潛力！」

牡羊座的楊博亞熱情十足，樂觀開朗是楊博亞給師長、同儕的第一印象，他是合唱團男低音，擅長各種球類運動。來自單親家庭的陽光男孩楊博亞，爸爸是研發工程師，在他國二那年突然過勞病逝。

父親病逝　他未喪志

楊博亞沒有因為突然的變故而喪志，他「一夜長大」，靠著優異的成績獲得獎學金，當作自己的教育基金，99年臺中一中學測前釋出獎勵辦法，滿級分能有一萬元獎學金，「我為了這一萬元，全力拚了！」

選讀理工科的楊博亞，國文科最沒信心，考前一百天衝刺，他和三五好友組成「國文讀書會」，每週寫一篇作文，自訂題目，練習各類文體寫作。

「有同儕效應才有動力」，大夥兒請老師批閱，再互相交換閱讀，楊博亞說，「讀同學文章，會發現自己怎沒想到這些形容詞？」彼此寫作文激勵比自己練習更有動力。

他也慶幸因為有「國文讀書會」，99年寫作測驗〈漂流木的獨白〉比較偏重感性陳述，如果考前一百天沒有練習寫作，「理工科的腦袋可能根本沒有寫作手感！」

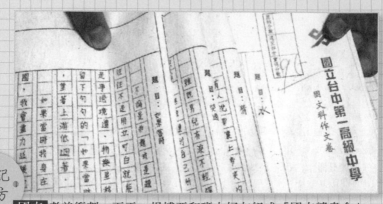

筆記
妙方

國文 考前衝刺一百天，楊博亞和班上好友組成「國文讀書會」，每週練習一篇作文，請老師協助批改。

摘要註釋　寫滿課本

　　楊博亞的鉛筆盒，只有藍筆、紅筆、鉛筆，「五顏六色眼花撩亂……經濟也不允許，用鉛筆最省錢！」翻開他的國文課本，他習慣將老師提示的重要註釋寫在頁緣，考前翻閱。楊博亞另有一套文言文的讀書準備方法。他說，教育部在高中國文課程有四十篇文言文選，考前衝刺一百天，除了寫作文，他將這四十篇文言文逐一抄寫。一篇文章至少要花一、兩小時，過程得十分專心，理解每個生字、註釋，這是他「對付」文言文的學習方法。

　　物理是楊博亞最拿手的科目，他在高瞻計畫實驗班選物理組別，高一起就有專題實驗課程，也會和大學教授切磋。他習慣上完專題課，就用電腦速記心得、想法、重點摘要，一學年結束就編輯成一本《學習歷程檔案》。

　　楊博亞建議，如果對物理有興趣，不妨高一就接觸大

學的普通物理課程，「大一普通物理是高中課程的延伸，也是一本很好的參考書」，概念、原理解釋得比高中課本更清楚，概念理解後，楊博亞會在課本、講義上用鉛筆自己畫圖，「圖像能確認自己理解」。

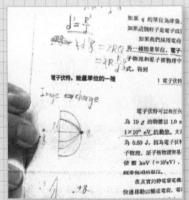

國文 將四十篇文言文逐一抄寫。他說抄寫印象最深刻，過程要十分專心。

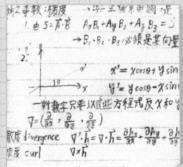

物理 是楊博亞的拿手科目，理解觀念後，會用鉛筆畫圖，「畫出觀念表示已經理解」。

物理 筆記用鉛筆寫，方便塗改，也很省錢。

筆記妙方

訂正考卷　有錯必改

數學 重視觀念理解，自己寫「大觀念筆記」，考前再練習各類題型。

「準備數學科不一定要多算！」楊博亞說，三角函數、向量、機率都是必考題，觀念理解相對重要，基礎觀念通了，考前再練習變化題，「觀念不理解，算一百題也沒有用！」上課專心、掌握核心概念是他學習數學的不二法門。

楊博亞說，數學觀念理解了，其次是掌握題型，錯誤的地方一定要記得訂正，抄寫在筆記本內，避免二次錯誤，「如果重複犯錯，表示觀念還不懂！」

楊博亞英文課本像新書，但夾滿了厚厚的考卷。他高中三年都參加奧林匹亞物理競試，在準備過程中他讀原文書，也參加物理英文辯論賽，學物理也學英文，「學一門學問能同時一魚兩吃，最省時間！」

英文 課本幾乎空白，重點註記老師提醒的重要單字，多聽、多背仍是學英文的不二法門。

筆記妙方

他的英文課本重視老師上課提示的單字、片語、介系詞用法，對聽力沒有特別加強，反而是讀物理原文書的熱情，讓他對英文閱讀不膽怯、不害怕，也累積不少生字，平時再讀英文雜誌補充教材。

注意時事　多讀報紙

楊博亞準備化學也不馬虎，「化學觀念很重要，其次就是計算式」。他說，化學課跟著老師進度，自己多練習，測驗最偏愛化合物，尤其近年化學學測考題多結合時事，例如：「三聚氰氨事件」就是命題的最愛，平時多注意時事也有助於化學科準備。

「社會科就是時事脈動！」楊博亞說，學測歷史、地理、公民與社會三合一，歷史就像讀故事一樣，不用有太多壓力背誦，當作理工科的「課外讀物」，學測的地理科有許多觀念國中教材都教過，考前複習重要的地形、氣候圖；公民與社會得多讀報紙，老師上課提到的時事，有空時就上網查資料。

NOTE：

★學習祕訣整理

【國文】

1.考前一百天衝刺，組成
　「國文讀書會」，與朋
　友練習各類文體寫作。

【數學】

1.數學觀念理解了，其次
　是掌握題型，考前再練
　習變化題。

【英文】

1.重視老師上課提示的單
　字、片語、介系詞用
　法。

2.平時閱讀英文雜誌補充
　教材。

【社會】

1.歷史科就像讀故事，不
　用有太多壓力背誦。

2.地理科考前複習重要的
　地形、氣候圖。

3.公民與社會則仰賴多讀
　報紙。

【自然】

1.化學觀念很重要，其次
　是計算式。

2.近年化學學測考題多結
　合時事，多注意時事也
　有助於化學科準備。

3.如果對物理有興趣，不
　妨高一就接觸大學的普
　通物理課程。

爸媽談教養

相信他的資質，
不迷信資優

　　楊博亞的媽媽陳仲妮從事醫護工作，相當重視孩子營養、健康，「博亞每天的早餐一定有一顆蘋果、一粒奇異果」。她說，高中階段孩子都在衝刺課業，有時候留校自習，回家就想睡覺，「連吃水果都沒時間」，她每天一定幫博亞準備早餐，水果必備，補充維他命C。

　　楊媽媽說，她從來不逼孩子念書，博亞從小就聽老師的話，「老師說比媽媽說還重要」。

　　「國小開始，老師規定生字寫幾次，博亞就寫幾次；題目算幾題，他一題也不會多算」；其次是聽哥哥的建議，哥哥楊博欽比他年長三歲，目前就讀慈濟大學醫學系，經常和他分享讀理工的樂趣。

楊媽媽說她沒有刻意栽培兩個孩子，小學階段她全心投入照顧，半天課程下課後，就安排兩兄弟到國立自然科學博物館，「科博館博亞永遠逛不膩，小學低年級都浸淫在科普的環境，也許是那時啟蒙對自然科學的興趣。」

楊博亞國小讀臺中市忠孝國小資優班，國中嘗試考臺中市居仁國中資優班落榜，楊媽媽說，「當時跌破一堆人眼鏡，都不相信他會落榜」，讀普通班反而讓楊博亞學習更遊刃有餘。

楊媽媽強調，「要相信孩子的資質，不要迷信資優教育！」博亞理解力強，讀普通班成績名列前茅，奠定了自信，哥哥適時鼓勵弟弟：「可先修高中課程」，博亞國二課後補習，開始接觸高中理化課程。

楊博亞已故的父親是研發工程師，他從小就喜歡跟著爸爸修水管、玩電器。他回憶，「爸爸很像魔術師，回家會帶很多小零件，用顯微鏡看能看出晶片的唯美；一把五顏六色的天線，爸爸會說那是天線花束，很逗趣！」父親也是他對理工的啟蒙者。

楊媽媽說，先生病逝後經濟陷入困境，博亞成績優異，都申請獎學金貼補自己的學費，他有自己的一筆「求學基金」，獎學金存入後，想補習、買教科書、訂閱科普雜誌就從自己的獎學金支出，她不補助，「除了經濟不允許，也讓孩子學習自己思考清楚所學、所需，不是想要什麼就有什麼。」

楊博亞考上臺中一中後，也嘗試考資優班再度落榜，挑戰國科會高瞻計畫實驗班順利獲錄取，鑽研他熱愛的物理領域，無法自拔。

陳亮甫

草地狀元，
不怕讀得多

魯永明 / 採訪、攝影

🌐 小檔案

畢業學校｜嘉義高中。

錄取學校｜甄選上臺大醫學系。

興趣嗜好｜棒球、壘球、慢跑。

建議｜別忘了給自己一點壓力，適度壓力是健康的，在合理
　　　範圍內，這也是對未來負責任的一種投資。加油吧！
　　　如果我是一個典範，那麼典範的意義，是留給各位未
　　　來超越。

「我的人生哲學就是自律」，嘉義高中學測滿級分考生、語文資優班陳亮甫，當年以國中基測最高分入學，現在又在大學學測考到滿級分，甄選上臺大醫學系。

　　陳亮甫住在嘉義太保市，住家純樸寧靜，擺設簡單樸素，他每天放學回家吃完飯後，會先休息一下，晚上八時再起床讀書到午夜、每天讀四小時。他來自平凡工人家庭，會讀書也懂得回饋社會，去當志工；他認為，讀書祕訣最重要是「態度」。

不愛電玩　只愛新聞跟體育

　　父親陳世彬是臺塑太保南亞廠作業員，母親許麗幸是家庭主婦，亮甫唯一的哥哥也是從嘉中畢業，現就讀交大，受哥哥勤學影響，從小愛拿哥哥的書來讀；他不愛玩電玩、虛擬遊戲，電視只看新聞、體育節目。

　　陳亮甫全家是聯合報忠實讀者，每天起床先花半小時，邊吃早餐邊讀報，喜歡新聞副刊體育版，「看報學文章，名人堂專欄不錯過。」他的閱讀涉獵廣泛，喜歡陳之藩、陳芳明、侯文詠等人的小說散文，藉電腦網誌、臉書練寫作手感。

背誦科目　得想到通篇透徹

　　陳亮甫讀書重慎思明辨，對需背誦的社會、地理、歷史、生物課，每次複習後都會把書闔起來回想內容，想到通篇透徹才罷休。

「我總要求每天一定時間坐在書桌前，把當天課程複習一遍，行有餘力多多益善，養成習慣，一天不念書會有罪惡感」，他說「我永遠不怕做得比別人多，只有認清缺點，做得比別人更多，去改善，才能真正進步。」

甄乘璣（1617～1682）甄室
表．接受冊封．這尊銀像是他
的禮物。

	入關前	入關後
.16 將軍阿桂攻克勒烏圍戰 川圍之一，國立故宮博物院 大軍圖繪乾隆四十年（1775） 金川勒烏圍攻防形，元朝治置上 是封授給西北、西南地區少數 蒙首領的職位。清乾隆年間曾 天大小金川，以武力強行廢除	① 勞 兩合赤 [創]八旗制） ② 皇太極 （参漢酌住）	順治皇帝 （多爾袞輔政入關） 康熙 （全面漢化）

{二元治理總表}
征服王朝
遼　南面官治漢　北面官治契丹
金　州縣管漢人　鑑定羅皆猛隊
元　蒙地漢法　蒙藏政治蒙古
清　八旗則為蒙藏　府州縣

歷史 將補充寫在課本上。每次複習後都會把書闔起來回想內容。

Her capricious temper ultimately 並科 書寫
ssory note to which every American was
了
promise that all men, yes, black men as
e guaranteed" the "inalienable" rights 不可缺的
uit of happiness." Instead of honoring
n to follow your instruction.
rica has given the Negro people a bad
the responsibility now that she was a grown-up.
rked "insufficient" funds". 跳票了
e check bounced. 跳票了
that the bank of justice is bankrupt.
to hide justice, he is indeed a versatile student.
re insufficient funds in the great

英文 閱讀文章增加字彙量，並學習寫作用語。

他養成每天花半小時聽空中英語、空中美語廣播節目，跟課文朗誦習慣；閱讀文章增加字彙量，學習寫作用語；學外國老師朗誦音調，訓練說聽講能力。

他認為，常接觸文字可以養成對文字的熟悉感，考試不緊張，考前也不需特別準備；會對英文有興趣，是讀新港國中時當志工，兩次暑假到韓國交流，溝通不順暢，才讓他下決心學好英文。

數理較弱　只有不斷做題目

他認為數理科難度提升，「做好心理準備很重要」，將

觀念融會貫通，面對題目就不感到恐懼，循序漸進是不二法門，沒必要迷信補習或過量參考書。

　　陳亮甫不是每科都做筆記，習慣直接在書本課文加注眉批、教師補充內容，複習時較方便，唯一做筆記的是生物科，將重點記在易攜帶活頁記事本，部分先寫在便利貼上，再貼筆記本。

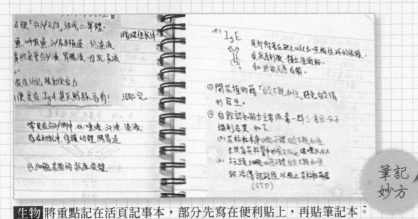

筆記妙方

生物 將重點記在活頁記事本，部分先寫在便利貼上，再貼筆記本。

絕不自滿　學習負責成果豐

　　「人外有人！將來要面對更厲害的對手，絕不能自滿」，他自我惕厲，「不管什麼環境，都不要忘記提醒自己該完成的工作，甚至逼自己完成，負起責任後的成就最豐碩，以後才不會後悔。」

　　陳亮甫是師長眼中品學兼優學生，國中當文教小義工，94年角逐保德信人壽舉辦的全國志工菁英獎，得到奉獻獎，「當志工充滿榮耀快樂，內心一直有渴望助人感覺。」

NOTE :

★學習祕訣整理 $\mathcal{A}^+$

【國文】

1. 平常多閱讀各類文學作品。

2. 藉電腦網誌、臉書練寫作手感。

【數學】

1. 將觀念融會貫通，循序漸進是不二法門。

【英文】

1. 每天花半小時聽空中英語、空中美語廣播節目，跟課文朗誦習慣。

2. 閱讀文章增加字彙量，學習寫作用語。

3. 學外國老師朗誦音調，訓練口語能力。

爸媽談教養

孩子自己教，
不給壓力適性發展

嘉義高中學測滿級分陳亮甫，與父親陳世彬母親許麗幸親子感情好。

「考試不好沒關係，絕不能作弊！」陳亮甫的父親陳世彬，對兩個兒子的教育，不只重課業，更重品德，孩子從小看父親辛苦賺錢養家，他們用功讀書，都很爭氣。

陳世彬夫婦對孩子採開放教育，減少物質欲望，但對孩子想看的書，很捨得花錢，不強迫孩子念書，課餘活動也不

設限，讓兒子除了棒球、籃球，還參加營隊、志願服務，培養豐富閱歷。

五十歲的陳世彬出身農家，父親賣菜，生活清苦，在七個兄弟姊妹中排行老四，雖愛讀書，但為分擔家計，無法如願升學，大同工商附設夜補校畢業後，就投入職場，在臺塑太保南亞廠當作業員。

輪班工作日夜顛倒，經年累月，對身體多所耗損，「但不管再怎麼忙累，我盡可能每天抽空陪兒子看書談心」，他說，下班有時晚上、有時白天，父子會面晝夜不定。

「孩子自己教，最重要的是孩子要愛讀書」，他們夫婦如何教出草地狀元？陳世彬說，尊重孩子，不打罵，不給孩子壓力，陪孩子成長，建立良好親子關係。

家庭除靠他的薪水，妻子許麗幸兼清潔工，還好臺塑待遇不錯，靠節儉儲蓄投資，讓生活及孩子無後顧之憂；為培養親子感情，孩子小時，他們夫婦就常帶著爬山旅遊。

陳世彬督促亮甫兄弟讀書，他說，「我讓孩子適性發展」，對亮甫大學科系也只提建議分析得失，「我們沒家世背景，孩子出路靠自己打拚」，他欣慰的說，「亮甫懂事，從小到大很少讓我操心。」

「亮甫小時愛吃，曾想當廚師」，許麗幸透露亮甫小祕密，她小丈夫四歲，也出身農家，國中畢業當過保母，專職家管照料孩子，對孩子教育理念很簡單「只要健康快樂成長」。她說，亮甫小學一、二年級功課不突出，得失心大，曾為考不好哭泣，小三才漸入佳境。

「不要看別家孩子補習，就跟流行逼孩子補」，許麗幸說，補習不要自己嚇自己，亮甫只在小五到國一補英文，高

中補過一段時間數學，多半靠自己讀；為了不影響孩子晚上自習，她關電視。

　　她說，亮甫小時鼻子過敏，她常帶兒子看醫生，「他怕打針，長大後看父親養家辛苦，為救人要當醫生。」陳亮甫的父母沒有顯赫家世背景，學歷不高，但「勤儉、多做少說、知足常樂」人生態度，卻深深影響著孩子的成長。

NOTE：

NOTE :

黃筑煙

愛打太極拳，讀書更專注

賈寶楠／採訪、攝影

🌑 小檔案

畢業學校｜武陵高中。

錄取學校｜馬偕醫學院醫學系。

興趣嗜好｜打太極拳、寫書法、畫漫畫、看小說。

建議｜1.高一、高二要用功，高三複習速度才不會變慢。

　　　2.適度運動，懂得紓解壓力。

桃園縣武陵高中學生黃筑煙，99年大學學測考到滿級分，她的得分寶典與眾不同，是「太極拳」。

「考滿級分很意外，想必是太極拳之神幫了大忙」，個性古靈精怪的黃筑煙說。太極拳強調「慢」與「定性」，她參加北勢國小武術隊，從小和喜歡晨運的父親黃劉宏一起練習，教學相長，也學習父親溫和的好脾氣，「慢工出細活，想專心就不會分心。」

每當她讀書感覺疲勞、心煩時，回想打太極拳的情境，便能穩定、專注心神；有時打完拳微微流汗，肌肉獲得鬆弛，焦慮得以舒緩，精神變好，再讀更起勁。

常常比賽　不怕大場面

黃筑煙比賽常拿獎狀，不只一次在千名觀眾前表演，所以不怕大場面，大型考試當然不緊張，學測就像模擬考般家常便飯。她也喜歡寫書法，認為共通處很多，都是幫助讀書的利器，也是從小培養的好興趣。

黃筑煙作息正常不熬夜，每晚十二時睡、清晨六時起床，她玩MSN，但在家不上網，「因為讀書都快沒時間」，休假彈鋼琴、畫漫畫，房間牆壁一幅半個人高的美少女就是她的傑作，「一定要懂得放鬆」。

模擬考前　已讀完兩遍

她表示，許多同學為了高中歲月不留白，把全部希望放在指考，但她寧願憑學測成績上榜，一、二年級先用功，高

三還要學新知，複習速度會變慢，因此高二暑假開始衝刺，高三每次模擬考前一個月已複習完畢，還能再看第二遍。

放學後，黃筑煙勤讀課本與老師整理的講義，上課時用藍色原子筆抄下老師講解的內容，如有特別強調部分，快手換用紅、紫、綠、螢光等色筆另外寫，課外延伸的補充資料則用鉛筆注記。

黃筑煙的書包和書桌看不到凌亂的考卷，她習慣「一本搞定」。每學期，各科基本上只看一本講義或課本，集中整理所有重點，考試出錯、課本沒教的題目，就寫便利貼黏在相關課文旁，對於不懂、錯兩次以上、感覺一定會考的內容，用摺頁提醒自己。

勤寫作文　要牢記佳句

「最頭痛就是作文！」黃筑煙說，作文幾乎是數理班學生的共同難題，全班學測前每兩天寫一篇，考前一週每天一篇，整整一個月陷入「文字獄」，可是很有效。

她認為，準備國文、英文要熟讀課文，牢記佳句，利用通勤時背單字，「沒範圍也不心慌」；擔任藥廠經理的母親黃淑娥常用英文留言溝通，因此她思考時習慣中、英文交雜，想像生活情境。

「我大膽請教黃厚瑄學姊，獲益良多。」黃厚瑄是武陵之前指考第三類組全國榜首，黃筑煙聽從她的建議，每天演算數學10題，熟悉各種題型；物理、化學熟記高一所學的基本原理，高二課程便不困難；生物加強生態與分類，地科勤練歷屆考題。社會科的歷史與公民、地理，還是以課本為主、一以貫之。

全班同學　是交流夥伴

　　黃筑煙說，讀書有時很孤單，同學是最好的交流夥伴，彼此提讀書策略、互相打氣，「當全班都很用功，你也會加緊腳步迎頭趕上。」

　　她建議，考前一週作息要正常，挑重點複習，考前一天保持平靜，除了打拳，「一定要拜拜才心安」，要告訴自己一定沒問題；每科考試中間休息時，不要討論題目，避免影響心情。

NOTE：

◎ 翻開黃筑煙的筆記本

建議各科「一本搞定」，各科集中一本筆記，整理所有重點，補充部分就寫便利貼黏在相關課文旁，對於不懂、錯兩次以上、感覺一定會考的內容，用摺頁提醒自己。

· ·

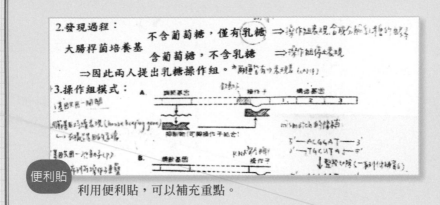

便利貼
利用便利貼，可以補充重點。

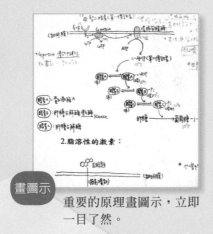

畫圖示
重要的原理畫圖示，立即一目了然。

用色筆
利用色筆標出重點。

★學習祕訣整理

【國、英文】	【數學】
1.熟讀課文，牢記佳句，利用通勤時背單字。	1.每天演算數學十題，熟悉各種題型。

【社會】	【自然】
1.課本為主、一以貫之。	1.物理科、化學科熟記高一所學的基本原理，高二課程便不困難。
	2.生物科特別加強生態與分類。
	3.地球科學勤練歷屆考題。

★滿分祕訣

1. 作息正常，不熬夜。

2. 勤讀課本與老師整理的講義，將所有重點記在同一本課本或講義。

3. 勤做筆記，用色筆、鉛筆分色注記。

4. 複習進度超前一個月。

5. 向學姐、同學請教讀書策略。

爸媽談教養

鼓勵代責備，
正面看人生

武陵高中黃筑煙學測考滿級分，得分寶典是靠打太極拳靜心定性、專注讀書。

「以前考試沒有滿分，反而為女兒高興，因為那代表粗心，還有進步空間。」「太極拳女孩」黃筑煙，有位同樣愛好太極拳的父親黃劉宏，總以鼓勵代替責備，輕聲細語提醒下次避免粗心，成就女兒學測考到滿級分。

黃筑煙模擬考從未滿分，最好成績是校排第十名，學測卻考滿級分，全家都意外。

黃劉宏說，他習慣正面看事情，考試只反映學習成果，女兒不會寫或寫錯都沒關係，下次減少粗心求進步才重要，人沒有完美，考差也沒什麼大不了。「筑煙很乖巧，偶爾提點就好。」黃劉宏很強調尊師重道、生活禮儀等小細節，認為品行最重要，成績是其次。

　　女兒從國小就練太極拳，「老人的運動、小孩來玩耍」，他樂於教學相長，喜見孩子獎狀收整疊；女兒自認讀國中像男人婆，「知書不達禮」，他說沒關係，知分寸就好；女兒基測成績可讀北一女卻選擇武陵，只因「全都是女生，我不喜歡」，他也贊成。

　　上高中後，女兒聰明漂亮有人追，黃劉宏沒刻意禁止，女兒卻不想談戀愛，「她知道現在讀書比較重要」。

　　黃筑煙七十五滿級分，根本沒有報名臺大，卻以第一志願進馬偕醫學院醫學系，校長林繼生乍聽都錯愕，黃劉宏只說「馬偕環境很好，我們支持她自己做的決定，孩子未來的路很長，並非讀名校才會有出息。」

　　黃劉宏是自營貿易商，打鄭式、楊式太極養生，黃筑煙勤練比較漂亮的競賽套路四十二式，上高中後，父女倆難得換穿輕飄飄的拳服一起練習，仙風道骨的模樣讓旁人欽羨。

　　母親黃淑娥則是黃筑煙的「英文小老師」，因為藥廠工作慣用英文，母女溝通也常夾雜英文，讓黃筑煙自然接觸、學習生活化。

　　黃淑娥送給女兒的十八歲生日禮物，是三本幾米畫冊、陪逛街買裝扮，連祝福話語也用英文寫，「所以英文不是硬梆梆的外國話，是很有感情、感覺的文字。」因為有意義，學習更起勁。

張祐瀚

彩圖筆記，
弄清生硬學科

簡慧珍 / 採訪、攝影

小檔案

畢業學校｜國立彰化高中。

錄取學校｜陽明大學醫學系。

興趣嗜好｜聽流行歌曲、網球、羽球、慢跑、游泳。

影響最深的書｜《刺蝟的優雅》、《想太多的豬》系列。

座右銘｜能堅持到最後，成功一定屬於你的。

「同學來借筆記影印，我一定出借，可是也建議他們，要做屬於自己的筆記才有用」，國立彰化高中畢業生張祐瀚99年學測滿級分，錄取陽明大學醫學系，他說，考前加強複習筆記內容，是得分致勝關鍵。

按表操課　做好專屬筆記

　　張祐瀚自擬讀書計畫表，以段考、模擬考作為分期複習的階序，每天讀書不超過晚上十二點，早上六點半起床，「不熬夜，規律生活，可保持鮮活的記憶力。」高三他堅持按表操課，學測三個月前已經做好各科「專屬」的筆記。

　　「爸爸是學電機的，對中藥草很感興趣」，張祐瀚說，爸爸每次帶全家出遊都會解說和觀察藥草，回家對照圖鑑做筆記，所以他念自然科、社會科也是畫圖表，「圖片學習比較快」，光從教材和參考書背定律、公式，獲得的印象很生硬。

自創口訣　配圖理解生物

　　生物科有很多名詞，張祐瀚自創口訣，例如：碳、氫、氧、氮、磷、硫、鈣、鉀、鎂，前五種元素構成核酸；碳、氫、氧、氮、硫構成蛋白質，他編口訣「蛋白質核酸＋該呷沒（鈣鉀鎂的諧音）」，讀的時候搭配圖案，並從實驗中記住化學公式與變化。

　　物理科需要考量的點很多，先弄懂每個原則，再找基本題型加深對原則的理解，最後應用在變化題上，才能拿高分。

熟讀選文　體會遣詞用字

　　「一定要讀教育部公布的四十篇選文」，選文的字詞、字彙與文章結構必有熟讀價值，張祐瀚以司馬遷描寫鴻門宴場景，形容樊噲「頭髮上指，目眥盡裂」為例，短短8字傳神表現威怒氣勢。除了選文，張祐瀚讀簡媜、張曉風的散文，體會名家遣詞用字之美；此外，他每天讀聯合報副刊一到兩篇優美小品文，日積月累提高閱讀與寫作能力。

　　70%的英文單字有字首、字根，可閱讀坊間的英文字演變史，並利用零碎時間背誦，每週從聯合報附送的《The New York Times》（《紐約時報》）挑一至兩篇喜愛的主題，查生字、熟悉英文課外文章，「我還有一個祕訣—報名參加英檢，強迫自己閱讀」，張祐瀚說，這是滿好用的英文學習法。

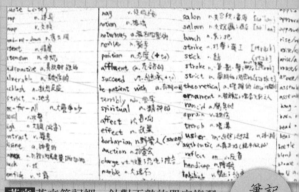

英文 英文筆記裡，針對不熟的單字複習。

筆記妙方

歷史編年　當故事書來讀

　　「我把歷史課本當故事書來讀」，張祐瀚畫出橫向編年紀事的圖表，同一格內記同一時期的中西方歷史大事，接下來的歷史事件則另記在另一格，不同顏色標示各格文字，一目了然。

地理科的讀法類似歷史科，用彩圖分地區，他舉例說，瑞士有阿爾卑斯山、萊茵河，由此發展畜牧、船運及鐘表等產業，變成生活地理就不怕考題靈活。

讀完教科書，張祐瀚會參考聯合報的「新聞中的科學」、「新聞中的公民與社會」，前者可當作課外深化科學知識的輔助教材，後者隨時補充時事，可獲知法律常識，例如：明星打離婚官司，原來男方也可以請求女方支付贍養費，「真是讓我大開眼界」。

◎ 仔細觀察張祐瀚的筆記本

國文

生物

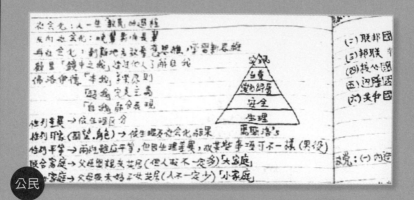

公民

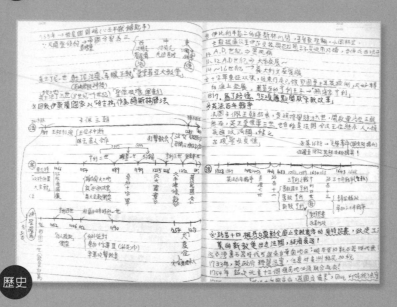

歷史

【筆記特色】

1.顏色：固定使用四色，層次分明、條理清晰。

2.條列：條列式筆記，歸納重點。

3.圖文：善用圖表與對照圖，圖文並茂增進記憶。

4.版面：版面乾淨，預留空間可隨時增補。

★學習祕訣整理

【國文】

1.理解文意,記下美詞佳句。

2.寫作測驗,多看北一女寫作學習網、教育部公布的四十篇選文文章與名家作品。

【社會】

1.歷史科與地理科自製筆記圖表,對照參考,加深記憶。

2.每天閱讀新聞時事。

【數學】

1.多做題目,遇到不會的死纏爛打問老師問到會為止。

【自然】

1.多畫圖表,讀完默背。

2.生物科有很多名詞,自創口訣加深記憶。

3.物理科先弄懂每個原則,再做基本題型加深對原則的理解,最後應用在變化題上。

【英文】

1.利用零碎時間背單字和片語。

2.多讀課外讀物。

★滿分祕訣

1.圖片學習有效率。

2.作息正常,不熬夜。

3.自擬讀書計畫表,以段考、模擬考作為分期複習的階段。

爸媽談教養

媽盯到小三，
培養自主學習

張祐瀚在爸爸媽媽的眼裡，幾乎是不會讓人操心的孩子，即使上網玩網路遊戲，媽媽尤慧娟淡淡一句：「你要注意時間哦！」張祐瀚不到十分鐘自動下線關電腦，安靜坐在書房裡提筆演算數學或閱讀感興趣的課外書籍。

「我們夫妻都很忙，沒什麼時間安排祐瀚的課外學習活動」，尤慧娟說，祐瀚的爸爸在臺塑雲林麥寮廠上班，週一至週五只有兩天下班可以回家，開車回到彰化市往往超過晚上七點半，而她在銀行工作事情多，所以夫妻平時沒辦法接送孩子上才藝課。

尤慧娟表示，祐瀚讀幼稚園正常上下學，國小一至三年級「要培養良好求學態度」，她盯得比較緊，每天看兒子的功課和簽家庭聯絡簿，升上小四她覺得兒子已可循規蹈矩

做功課，她和丈夫採取尊重、自主，「讓他做自己應該做的事」。

小五是張祐瀚求學觀念轉變的關鍵期，尤慧娟說，國小高年級康姓導師常陪祐瀚和同學吃午餐，從聊天裡灌輸求學與做人的道理，祐瀚在那時候找到讀書方法，升上小五沒多久就不再需要大人督促，也能自動自發學習。

原來康姓導師選出數學程度較好的學生組成班隊，跟同校別班的班隊競賽，張祐瀚為了小隊與班級榮譽，聽老師的話，寫完數學補充教材後，主動上網找題目演算，且按照班隊比賽期程自訂複習進度，不懂的題目在課後和同學討論或問老師。

「祐瀚學會自立，知道該怎麼讀書」，每次朋友打聽祐瀚學業為何如此優異，在哪裡補習？讀哪一本參考書？尤慧娟都回答「祐瀚找到自己的讀書方法而已」。

尤慧娟六年前提前退休，照理講可以把全副心力放在孩子身上，可是「祐瀚已經知道怎麼讀書」，會到網路搜尋和報名比賽，「我有點緊張，怕他耽誤學業，他說他自有道理」，後來張媽媽知道參加比賽對推薦和申請入學大學有幫助，既欣慰又高興「他懂的比我還多，真的長大了」。

林亭佑

補強攻弱，
考前兩週調作息

鄭惠仁／採訪、攝影

🔵 小檔案

畢業學校｜臺南一中語文資優班。

錄取學校｜臺灣大學國際企業學系。

興趣嗜好｜網球、劍道、西洋棋。

建議｜「讀自己喜歡，選擇一輩子都快樂的工作」是決定選
　　　系的關鍵。

臺南一中應屆畢業生林亭佑課業上最弱項目是國文，從高二下暑假到學測期間，他有計畫的把大半時間花在準備國文，如願在大學學測拿到滿級分。他的強項是數理，最後依興趣選擇就讀臺大國際企業學系。

　　林亭佑有個考試撇步，考前兩週，調整作息及讀書時間到和考試一模一樣；前一星期不吃便當，由母親每天送便當，讓身體保持在最佳狀況。

看課外讀物　打下英文基礎

　　林亭佑三歲時，因父親到英國攻讀博士，在英國住了三年，不過，卻沒在英國上學，英文基礎都是在臺灣打下，「只要好好學，不用出國念書，英文一樣能頂呱呱。」南一中三年，亭佑勤看《NEWSWEEK》等英文課外讀物，學期前都通過學校的免修英文測驗，僅有一上及三下因沒有免修英文測驗，要修英文課。

　　「我高二第一次代表學校參加全程以英語進行的模擬聯合國，由於事先沒有好好準備，幾乎沒有發言」，林亭佑說，這是很大的挫折，有了經驗後，第二次參加前，充分找資料，了解聯合國相關組織單位、權責、功能及面臨的問題，活動中發言及提出意見，化挫折為成就，「這是我學習過程中重要的挑戰與突破」。

模擬聯合國　意外發現興趣

　　理化、數學、英文是林亭佑的強項，他原以為自己的興趣是電機，到了高三，因參加過「模擬聯合國」活動，認為

對財經、國貿等管理科系也有興趣。

　　林亭佑參加甄試，同時錄取臺大財金、電機、機械工程、國際企業、資訊管理及法律系，在成大機械系任教的父親林震銘鼓勵他讀機械或電機系，但他選擇國際企業系。

　　「決定科系前，我充分了解各科系，因財金、電機都偏重數學，最後選擇自己更能發揮專長，同時也是興趣的國際企業。」亭佑說，父親給他的建議「讀自己喜歡，選擇一輩子都快樂的工作」是決定選系的關鍵。

國文是弱項　他讀兩套講義

　　國文是亭佑的弱項，林亭佑說，國文科的選擇題大家都差不多，除了對較難的題目多用點時間，每週規定自己寫一篇以上作文，且針對主題找範文，先背別人的文章，吸收後，加上自己的想法，成為自己的文章。「多數考生都只讀一套國文講義，我讀兩套，時間要多

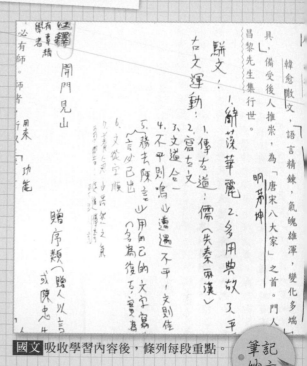

國文 吸收學習內容後，條列每段重點。

筆記
妙方

花一倍，雖然辛苦，但收
穫多。」

　　英文要多背佳句，
除了課本外，還要多讀
課外補充內容；地理、歷
史要配合地圖、年表圖，
依照學校進度按表操課做
準備。高三上依照學校考
試進度準備，在學校做練
習題，回家再看考過的內
容，有系統了解和吸收。

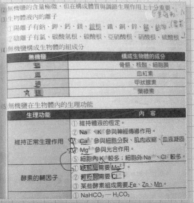

歷史 配合圖表做補充筆記，
加深印象。

筆記
妙方

理化題目活　補習為多練習

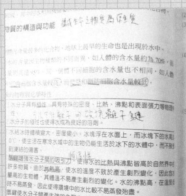

化學 參考評量，節省複習時間。

　　林亭佑建議，一、二年級時就要打好自然科的基礎，物
理、化學一定要弄懂觀念，若觀念不清楚，只是強記死背，

(2) 設 $\log 15 = a$, $\log 12 = b$, 試以 a, b 表示 $\log 45$

(3) 設 $\log 1.4 = a$, $\log 1.8 = b$, $\log 2.1 = c$, 試以 a, b, c 表示 $\log 63$

例6：畫圖(1) $y = \log_2(-x)$　(2) $y = |\log_2 x|$　(3) $|y| = \log_2 x$
(4) $y = \log_2(x+1)$　(5) $y = \log_2 |x|$　(6) $|y| = \log_2 |x|$

例7：試問下列方程式之實根個數　(1) $x - 1 = \log_2 x$　(2) $x = 3\,|\log_2 x|$

例8：解不等式(1) $\log_{1.5}(x+1) > \log_{2.25}(x^2 - x - 1)$
(2) $\log_3(3^x + 8) < \dfrac{x}{2} + 1 + \log_3 2$ 。　　$\log_3 4 < x < \log_3 16$

數學 透過練習題，弄清楚基本觀念。

效果有限；物理科最好找一本內容能接受，自己看得懂的參考書來讀，化學科要多做題目。

　　理化是亭佑唯一有補習的科目，他補理化是為了訓練做題目的時間。「理化題目靈活，常會寫不完。」林亭佑說，補習班每星期一次模擬考，「我訓練自己，每題在五分鐘內完成」，果然學測時得心應手。

★學習祕訣整理 A⁺

【國文】

1. 每週規定自己寫一篇以上作文，針對主題找範文，吸收文章精華後，加上自己的想法，成為自己的文章。

【英文】

1. 看《NEWSWEEK》等英文課外讀物。

2. 多背佳句，除了課本外，還要多讀課外補充內容。

【社會】

1. 配合地圖、年表圖，依照學校進度按表操課做準備。

【自然】

1. 一、二年級時就要打好自然科的基礎。

2. 一定要弄清楚觀念。

★滿分祕訣

1. 大學入學的學測、指考都是大範圍出題，且題目創新，應該弄懂觀念，以觀念思考來做題目。

2. 高三起針對弱項科目加強準備，把握每次模擬考，要求自己在時間內完成作答。先做練習題再看講義。

爸媽談教養

舉家三遷，
尋找學習好環境

林亭佑的父母親對他原則上採放任式教育，但極注重他的交友狀況及習慣。

　　「亭佑小時候看不出特別聰明，但小學時基於學習狀況、環境的考量，換了五所學校」，林媽媽說，「『孟母三遷』是我教養孩子的基本觀念。」林亭佑國小換了五所，不是因為父親的工作關係，而是發現亭佑在學習中有不好的習慣，或是受同學影響，愛玩、不認真，立即換校。「回顧兒

子小時候的求學歷程，覺得自己的決定沒有錯，反而讓他適應能力比別人好。」

國小讀了五所學校，國中也讀了兩所，林媽媽說，這次不是學習的問題，而是國一時所讀的學校語資班突然喊停，再轉到崇明國中雙語班，從此奠下良好的英文底子。林亭佑從國小到國中共讀過七所學校，這是極少數人才會有的經驗，林爸爸說，亭佑在臺南一中有比別人多的同學，也讓許多人稱羨不已。

「亭佑的自理能力很好，曾經一度迷上電腦，但提醒及約束後，自動配合。」父親林震銘說，「我的教育觀念是尊重孩子的興趣，扮演良師益友的角色，多鼓勵並提供意見、資訊參考。」

林媽媽說，亭佑小時候就有很好的觀察力，學齡前對汽車非常有興趣，記下所有廠牌汽車的標誌、外型，看到任何一種車，立刻能說出，也帶給全家很大的樂趣及快樂回憶。

林媽媽表示，小時候對孩子的教養，原則上採放任，沒有特別要求，但有一點必須注意，就是孩子的習慣和結交的朋友，若發現行為不對，經勸導、約束都沒改善，必須拿出積極作為。

在林亭佑衝刺的這段時間，亭佑的爸媽最要感謝的是導師蔣銘鴻，除了不斷為全班學生加油、打氣，還自掏腰包買橘子、維他命C、有機土雞蛋，每天為學生補充體力、增強免疫力，全班學生幾乎都考出好成績。林媽媽說，蔣老師為學生的付出及堅持的教育理念，將會讓學生一輩子感激與難忘。

林建豪

平凡更要努力，
K書三心法

喻文玟 / 採訪、攝影

🔵 小檔案

畢業學校｜臺中縣建平國小、中平國中、臺中一中國科會高
瞻計畫實驗班。

錄取學校｜甄選上臺灣大學電機系、臺灣大學物理系（選擇
物理系）。

英文檢定｜全民英檢中級、TOEIC多益測驗880分。

興趣嗜好｜慢跑、羽球、桌球。

靦腆的笑容是臺中一中國科會高瞻計畫實驗班學生林建豪給人的第一印象。他是99年大學學測滿級分學生，物理是他的拿手科目，「生活中的許多小細節，都和物理相關，比如：力學、電力……這是最靈活的科學！」林建豪不是資優生，他國小、國中都讀普通班，他自認資質平庸，讀書的不二法門就是「細心、用心、專心」。

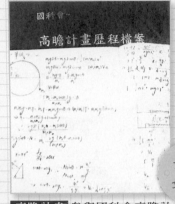

筆記妙方

高瞻計畫 參與國科會高瞻計畫實驗，高一接觸大學普通物理，有助於概念了解，和同儕組織讀書會，研究概念問題。

多利用圖像　記憶更清楚

筆記妙方

國文 每週自訂題目寫作文，練習各類文體。

他準備各科的特點，喜歡利用圖像記憶，國文、生物、物理、地理……林建豪都喜歡在課本或筆記本上畫圖！

選擇理工科系的林建豪對國文科最用心，考前100天衝刺，他和五個好友組「國文讀書會」，每週自訂題目寫作文，練習各類文體。「同儕一起分享文章，才能看見自己的不足！」

他對國文還有一項特別的「執著」，很重視字音、字形訂正。每一課的生字，容易搞錯的詞彙，發音不清楚的古文，他自己做一本「字音字形筆記本」，手抄每一個生字的成語，再自己填空，「練習寫過一遍，才能記住！」

藍筆、紅筆、鉛筆是林建豪最常使用的顏色，他的課本很整潔，不是一整面藍筆，就是用鉛筆做筆記，「只有最重要、最常犯錯的單字或觀念，才用紅筆醒目註記。」

英文存手機　上學練聽力

林建豪學英文很有一套，臺中一中補充教材都用空中英語雜誌，「每一本雜誌都有光碟，我會把文章存在手機裡，每天上學的路上，訓練聽力」，不需要特別強記文法，「就像流行音樂聽久了，自然能琅琅上口。」

他不用電子辭典，遇到英文生字一定查字典，

英文 用英文寫英文筆記，解釋英文單字。

筆記妙方

甚至會用英文寫英文筆記，解釋英文單字，「用英文學英文」是他學英文的妙招！

林建豪說，第一次遇到生字查字典後，用藍筆畫線，如果記住了就不會再查第二次；但若第二次發現怎麼還記不起來，就用紅筆再畫線；如果再而三，就在生字旁打勾，表示要多用心！

◎ 翻開林建豪的筆記本

依內容重要性，使用不同顏色的筆做筆記。標記顏色要固定，分層設色使筆記條理分明。

(一)作者簡介
1、陶淵明，一名潛，字元亮。
2、田園詩人
(二)解題重點
1、〈桃花源記〉為〈桃花源詩〉的序。
2、文體：寫記體，式記敘文。
3、寫作背景：晉宋易代之際政治極
端腐敗，統治集團生活荒淫，內
部互相傾軋，軍閥連年混戰，
賦稅徭役繁重，加深了對人民的
剝削和壓搾。

先理解觀念　物理自然通

　　物理是林建豪最拿手的科目，習慣每週上完專題課就馬上整理重點。他分享，高中物理其實很簡單，不妨參考大學普通物理教材，觀念理解更能一氣呵成！只要觀念懂了，林建豪就會在空白的筆記本上畫圖，確認「真的懂了」。

　　準備數學科，林建豪重視章節性整合。「三角函數、向量、機率都是必考題」，林建豪說，每一個單元各種類題，校內老師都有整理一本講義，他把每一種類題逐一演算，觀念懂了，考變化題也不怕。

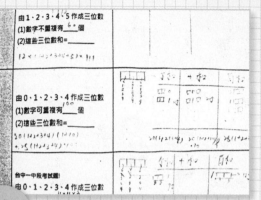

對化學科，林建豪分析化學的命題，很重視方程式，實驗課程一定要熟悉，「背、理解」是準備化學的方法，「但死記沒有用，化學還重視演算，準備學測化學科，多練習考古題可以掌握命題重點。」

數學 重視單元性整合概念，嫻熟十年內歷屆考題，每天演算幾題，才能維持思考的習慣。

生物有趣　用樹狀圖理解

林建豪對生物科也不馬虎，「生物很有趣，是大自然的現象！」課本熟讀之後，他習慣畫「樹狀圖」幫助理解，如果有關於生物的構造，他也會畫一遍，圖像能幫助記憶，整理樹狀圖就像生物的「演化」幫助理解。

生物 生物科的概念有延續性，自己畫「樹狀圖」幫助記憶與理解，例如：生物構造、生物基本化合物。

他認為，「地理是社會科學中最接近自然科學的考

科」，理解時要重視因果，「最好自己畫地圖，複習時，腦中要能自然浮現圖像。」

　　至於歷史、公民與社會，林建豪認為，「掌握時代特色」是準備這兩科的重點！歷史科的宗教、經濟會跨章節測驗，概念要融合；公民與社會就是日常生活的時事脈動！

NOTE：

_____

_____

_____

_____

_____

_____

_____

_____

_____

_____

★學習祕訣整理 $\mathcal{A}^+$

【國文】

1. 考前和朋友組「國文讀書會」，每週練習各類文體。

2. 重視字音、字形訂正。

【數學】

1. 重視章節性整合。

【社會】

1. 地理科重視因果，自己畫地圖可以幫助記憶。

2. 歷史科的宗教、經濟會跨章節測驗，概念要融合。

3. 公民與社會要多關心日常生活的時事脈動。

【英文】

1. 把補充雜誌的光碟存在手機裡，利用每天上學時，訓練聽力。

2. 用英文學英文。

【自然】

1. 物理科參考大學普通物理教材，觀念理解更能一氣呵成。

2. 化學科重視方程式，實驗課程一定要熟悉。「背、理解」、「重視演算」是準備化學的方法，練習考古題可以掌握命題重點。

3. 生物科課本熟讀之後，習慣畫圖幫助理解。

1.不二法門就是「細心、用心、專心」。

2.利用圖像記憶。

3.作息正常,不熬夜。

斯文大男孩，
父母不給壓力

　　林建豪的雙親都是工廠作業員，家境小康，他有姊姊、妹妹，自認為「很平凡的一家五口」。

　　林建豪的媽媽鄭麗青，從來不逼孩子念書，但是每天接送孩子上、下學，她不給建豪壓力，給他助力，就像一般雙親一樣，準備維他命、水果，重視孩子飲食均衡。

　　爸爸林青秀對兒子有信心，也有信任感，林建豪說，他的成績非名列前茅，但保持在班上前十名，如果成績退步，爸爸從不疾言厲色，頂多提醒他：「最近有沒有發生什麼事煩心？要注意一下。」

　　在同儕眼中，林建豪是斯文型的大男孩，他熱愛慢跑，每天放學後先慢跑，再留校自習，不習慣回家讀書；即使是假日，他也到學校圖書館讀書，「在家裡會想跟媽媽、姊姊聊天」，高三考前衝刺，一分一秒都是黃金時間。

慢跑外，他擅長羽毛球，「不是籃球這麼激烈的運動」，完全符合同儕口中「斯文型大男孩」形象！

　　「絕不熬夜！」林建豪說，他高中三年都留校自習到圖書館關門，回家後梳洗，放鬆心情就準備就寢，回家後、睡前再讀書已經沒有效率，不妨早點睡，讓隔天精神飽滿，上課不會打瞌睡，認真聽講，能節省不少課後抱佛腳的時間。

NOTE :

_____

_____

_____

_____

_____

_____

_____

_____

_____

_____

王瑋

預習複習練習，
讀書專心最重要

邱瓊玉／採訪、攝影

🌐 小檔案

畢業學校｜永吉國小、永吉國中、建國中學數理資優班。

錄取學校｜臺灣大學醫學系。

興趣嗜好｜看電影、聽音樂、打籃球、看職棒、NBA、美國
　　　　　大聯盟。

建議｜全力去拚、堅持到底。

「預習、複習、練習」這三大準則，讓建國中學數理資優班畢業生王瑋，拿下99年大學學測75滿級分，也順利推甄進臺大醫科。戲稱自己是「大器晚成型」的王瑋說，自己國中，甚至高一功課都不算頂尖，學測能拿滿級分，其實有點意外。

堅持到底　當外交小尖兵

　　笑起來略帶靦腆的王瑋，當年以基測291分的成績進入建中數資班。王瑋說，剛進建中時，要和全臺各地的優秀學生一塊競爭，心裡多少有點壓力，再加上高一忙著「外交小尖兵」的申請，常得利用課餘時間練習，甚至還要犧牲正課時間，蠟燭兩頭燒的情況下，讓他一度感到挫折。

　　為了調適心情，平時喜歡看棒球、NBA的王瑋，更用運動員在場中堅持到底，永不放棄的精神鼓勵自己，才振作起來，並順利成為96年度外交小尖兵，代表臺灣前往歐洲訪問。

英文超讚　高中三年免修

　　王瑋的英文一把罩，托福拿下107分的他，高中三年英文都免修。王瑋表示，想把英文學好祕訣就是多聽、多看，像他喜歡看大聯盟、NBA，常常都是看英文轉播，訓練聽力，有時還會上大聯盟網站，看國外的新聞評論，培養語感。他還常看歐美影集，利用英文字幕，訓練聽力和發音。

　　至於國文科，王瑋強調，「要把作文寫好，跟對作者很重要」，以自己為例，余秋雨、余光中、簡媜等作家是他最喜歡的作者，看久了寫作時自然就會運用。

他不只英文三年免修，物理高二、高三下，數學、化學同樣在高三下時，因為通過免修考試，都免修。王瑋表示，在國中時，便已開始超前預習高中課業，等到升上高中，老師上起課來，就可以印證觀念有無錯誤，再加上多做習題，這就是他的讀書方式。

數學多做題　不懂馬上問

王瑋表示，他都利用免修的時間到校內圖書館自習，像是化學科，因為校內老師都有整理一本講義，把觀念釐清了，考變化題也不怕。數學科則是不斷做例題，不懂馬上問同學或老師，有時靠著討論，可以激發新的解題方法。

化學 多寫講義，觀念釐清，變化題也不怕。

筆記妙方

筆記妙方

生物 用自己的理解方式，在空白處上記下筆記。

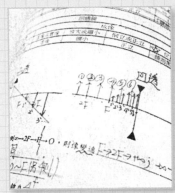

物理 背公式，了解公式成因與運用。

至於拿手的物理科，王瑋說，物理的公式相當重要，除了要記以外，更要了解公式背後的成因和意義，否則看到題目也不會應用。

王瑋說，念生物時，習慣用自己的理解方式，隨手將筆記寫在白紙上，不記在課本上的原因是因為筆記紙比課本方便攜帶，複習時較方便。

每天念書4小時　不熬夜

社會科是王瑋最弱的一科，為了補強，他不僅高三時去補歷史、地理、公民，還運用地圖、表格，幫助歷史科記憶。地理是最接近自然科學的考科，再加上貼近生活的特性，準備起來較輕鬆。

習慣在家念書的王瑋，平均每天念書四個小時，週六則是早、中、晚各三小時，週日早、晚各三小時，下午則是放鬆時間。王瑋從不熬夜，堅持十二時前睡覺，他說，讀書最重要是「專心」，回家就先洗澡，讓心靜下來再念書，熬夜不僅讀書沒效率，隔天還會沒精神，太不划算了。

歷史 以圖表輔助記憶，並和生活經驗結合。

筆記妙方

NOTE :

★學習祕訣整理

【國文】

1. 想把作文寫好，跟對作者很重要。

【數學】

1. 不斷做例題，不懂馬上問同學或老師，有時靠著討論，可以激發新的解題方法。

【英文】

1. 多聽、多看。看國外的新聞評論、歐美影集培養語感。

【社會】

1. 歷史科運用地圖、表格，幫助記憶。

【自然】

1. 化學科理解觀念，考變化題也不怕。

2. 物理科要了解公式背後的成因和意義。

3. 生物科隨手將筆記寫在白紙上方便攜帶，複習時較方便。

★滿分祕訣

1. 預習、複習、練習。

2. 讀書最重要是「專心」。

3. 作息正常，不熬夜。

心事跟媽說，
親子像朋友

「當孩子的朋友，用同理心為孩子想」，這就是王瑋雙親教導孩子的方式。王瑋的母親翟韻文表示，和孩子溝通相當重要，了解孩子心裡在想什麼，才有辦法對症下藥。

翟韻文和王瑋的關係就像朋友一樣，王瑋有什麼心事都會和媽媽說。翟韻文是東吳大學外文系畢業，從事補教業多年，她的專長是英文，對於王瑋的英文教育也相當重視。翟韻文表示，孩子太小學英文其實沒用，她堅持小學後才讓兒子開始背英文單字，學習簡單文法。

翟韻文解釋，若孩子在國語還沒學好時學英文，因為中文程度不夠，對於英文文法中的過去簡單式、現在進行式等情境，根本無法了解，如此一來，英文不僅無法學好，連帶中文文法都有可能受到影響。

為了讓孩子打下良好的國文基礎，翟韻文說，小時候都會帶孩子一塊看書，像是《小牛頓》、名人傳記等，也會督促王瑋背成語，累積國文實力，同樣從事補教業的父親王金進，則是教國中數學，從小就會幫忙王瑋預習課業。

　　王瑋的雙親都相當重視孩子的教養，翟韻文說，家裡其實很少看電視，一來覺得浪費時間，二來也覺得會讓孩子不專心，晚上七時至十時，是讀書黃金時段，不可以看電視，但十時之後，就可以看電視輕鬆一下。

　　翟韻文也堅持，孩子一定要有玩樂時間。她表示，週日下午就是王瑋放鬆的時間，打籃球、看電影、看職棒都可以，寒暑假也一定會帶孩子出國散心，因為王瑋推甄上臺大醫學系，全家剛去洛杉磯看天使隊與水手隊的賽事。

　　翟韻文則強調，雖然夫婦倆工作很忙，但她還是堅持有空一定要排時間陪兩個兒子，甚至連王瑋與王瑋弟弟中午的便當都是自己準備，就是為了讓孩子吃得健康、美味。

　　王瑋喜歡藝人周杰倫，不僅房間內貼了兩張超大的周杰倫海報，還曾和家人一塊去聽周杰倫的演唱會。王瑋說，周杰倫自信、堅持做自己的態度，讓他很欣賞，也希望自己能有著同樣的自信。

蔡豐璟

點線面，
融會貫通最重要

姜宜菁 / 採訪、攝影

● 小檔案

畢業學校｜嘉義崇文國小音樂班、北興國中數理資優班、嘉
　　　　　義高中數理資優班。

錄取學校｜推甄上臺灣大學醫學系。

曾獲獎項｜民雄文教盃音樂比賽小提琴A組第一名、嘉義愛
　　　　　樂盃音樂比賽小提琴A組第一名等、2007年國中
　　　　　科學奧林匹亞國手培訓隊、張進通許世賢數學競
　　　　　賽銀牌獎、城市盃數學競賽入選決賽等。

興趣嗜好｜畫畫、鋼琴、書法都有涉獵，也學心算和圍棋，
　　　　　樂於在琴棋書畫的世界裡。

「每個科目都一樣,由點開始,漸漸將點連接在一起變成線,線與線相連成一個面」,推甄上臺灣大學醫學系的嘉義高中畢業生蔡豐璟說。平日多加準備,了解事情的根本,融會貫通,多做多寫多閱讀,最重要的是有計畫的進行每一件事。

　　「考前的一、兩個月,我縮減玩樂的時間,每天都有讀書進度,以章節來劃分,這樣才會有完整的概念。」他平常放學後就是運動一小時,然後窩進學校的圖書館到晚上十點。回到家他不是上網就是玩電腦遊戲,十二點左右就寢。到了考前,他把所有的時間都放在課業上。

閱讀古文　從不懂到欣賞

　　蔡豐璟一開始對於國文沒有興趣,但他深知考大學時,作文比例相當重。於是他從閱讀古文開始培養興趣,從看不懂,到之後學會欣賞。「套一句孟子所說的,『尚友古人』,與古人做朋友。」蔡豐璟從文章中發現哲理,進而了解古文背後的故事。

　　國中時他愛看金庸,高中則變成文學,例如:村上春樹的文章。

筆記妙方

國文 從閱讀古文開始培養興趣,以不同顏色的筆記標示重點。除了寫下翻譯外,還有修辭法、詞性等。

他不愛小品文，喜愛小說，因為較有想像空間。「在寫作文時，我所用的語句不是很優美，但用堆砌的方式，將文章拉長。」他平時就常練習，讓文句通順。有時也會練習書法，讓自己定心，同時讓字也變美。

練習英文　與外籍師交談

「我從幼稚園就開始學習英文，常跟外籍老師交談，長大後更把握機會，練習會話。不要怕說，語法對錯先不管，只要敢講都能表達。」但是他發現考試較著重書寫，所以平常以英檢中高級為目標，準備超過七千個字彙。加上他喜愛藝術與棒球，相關的報導，他都會上國外的網站搜尋，不知不覺中加強外語能力。

蔡豐璟從國中就是數理資優班的學生，他一天至少花一個小時大量的運算，從中建立自己的信心。「數學是有邏輯推理，有固定軌跡的，大量的運算，讓我碰到考題時較有方向。」坊間雖然有好且快速的花俏解答方式，可是大考時，只要運用簡單和基礎的運算就好了。「公式如同工具，了解公式怎麼來的，在運用時較為正確。」

自然科目　光背公式沒用

自然科目也是一樣，了解公式，釐清觀念，由不同的角度切入，尋找答案。除了書本以外，從實驗中也可以學習，之前他曾參加過奧林匹亞競賽代表的徵選，雖然沒晉級，但他覺得比賽的過程中體認到，光是背公式是沒用的。「化學與生物都有關聯，而地球科學算是統整。」

筆記
妙方

金屬化合物

TiO_2 鈦白

製備: 鈦鐵 硫加酸溶所, 加 鹼沈澱

$$Fe\,TiO_3 + 3H_2SO_4 \rightarrow FeSO_4 + Ti(SO_4)_2$$

$$Ti^{4+} + 4OH^- \rightarrow TiO_2\downarrow\ 2H_2O$$

用途: 白色塗料, 光觸媒(奈米等級)

Cr_2O_3 鉻綠

製備:

① $2\,Cr(OH)_{3(s)} \xrightarrow{\Delta} Cr_2O_3 + 3\,H_2O$

② $(NH_4)_2Cr_2O_7 \xrightarrow[\Delta]{} N_2 + 4H_2O + Cr_2O_3$ 綠

K_2CrO_4 及 $K_2Cr_2O_7$

$K_2CrO_4 \xrightarrow{H^+} K_2Cr_2O_7$

化學 同一個公式,以環狀、鏈狀兩種形式記錄。化學筆記條理分明,並以顏色區分。

嘉義高中較注重社會人文,即使是讀三類組的,每週六都還是會寫社會科的考卷,然後檢討。或是利用暑假參加人文科學營,跟來自八方的好手互動,拓展視野。「我將歷史當作故事來看,而地理則是弄懂地圖,隨便一個國家,我都可以介紹它的人文氣候等。」高一高二時,活用史地,到了高三就是死背,「有背就有分,可是也要靠平日的累積。」

電視網路　都可知道時事

至於社會時事,就透過網路、電視或是報紙得知。考滿級分絕非偶然,平日的努力,累積起來才有的成果。而在讀書時,他盡量不放自己喜愛的音樂,就只是靜靜的讀書,聽音樂則容易分心。

★學習祕訣整理 A^+

【國文】

1. 從閱讀古文開始培養興趣。

2. 常練習寫作文，讓文句通順。

3. 練習書法讓自己定心，同時讓字也變美。

【英文】

1. 以英檢中高級為目標，準備超過七千個字彙。

2. 因興趣搜尋國外網站，不知不覺加強外語能力。

【數學】

1. 一天至少花一個小時大量運算，碰到考題時較有方向。

【自然】

1. 了解公式，釐清觀念，由不同的角度切入，尋找答案。

【社會】

1. 將歷史科當作故事來看，而地理科則是弄懂地圖。

2. 高一高二時，活用史地，高三則是死背。

1. 平日多加準備，了解事情的根本，
   融會貫通，多做多寫多閱讀，最重
   要的是有計畫的進行每一件事。

2. 讀書時，他盡量不放自己喜愛的音
   樂，就只是靜靜的讀書，聽音樂則
   容易分心。

爸媽談教養

尊重小孩，
注重品格發展

蔡豐璟父母親注重孩子的品格教育。

　　「我們家採取自由發展，尊重小孩的決定，但注重小孩的品格發展」，蔡豐璟的爸爸蔡文賢說。蔡豐璟在家排行老么，上有一個姊姊，家中經營牙科醫療器材。

　　蔡豐璟說：「在民主的家庭，建立起獨立自主的信心，養成自我要求規範的習慣，更在每次重要決定中學習到謹慎思考及責任的重要。」蔡文賢從小就栽培小孩，從生活中教

導事務，而且加強開發小孩的右腦，曾經規定小孩凡事都要用左手。蔡豐璟說：「之前學習打乒乓球時，我習慣用反拍，教練看到後，就問我是否是左撇子。」

「我跟姊姊感情相當好，有時晚上會一起聊天，有些祕密不能讓父母知道，我都會跟姊姊說。」蔡豐璟笑著說，姊弟相差六歲，姊姊是他求學路上的燈塔，同時也是他彈奏小提琴的啟蒙老師。「有時我還會跟姊姊合奏，她演奏大提琴，而我是小提琴，演奏完後一切都在不言中。」即使國中後，蔡豐璟不再是音樂班的學生，但聆聽音樂也是他放鬆心靈的方式，更成了他生活重要的一部分。

蔡文賢注重孩子的品格發展，他還列出十項人生必具備的事項，例如：國際觀、電腦應用、理財、求生本能、外語能力等。蔡豐璟將這十項都牢記在心，而且逐一實現。蔡文賢認為這十項全是最基本的，但是在人生都是必要的，唯有具備這些能力，才更具競爭力。

蔡文賢幾乎每年都會帶小孩旅遊，他覺得多與世界接觸，才可以拓展視野。「健全的人生，不只有讀書，讀書只是必經的過程。」而在人生的過程中，專心的去做，凡事講求效率，這樣才有成果。

蔡豐璟考上臺大醫學系，蔡文賢也不強迫兒子繼承家業，反而希望他能多學，找到自己真正喜愛的。

滿分祕笈精華整理

✡國文

1. 熟讀課本、重視字音字形、國學常識拿基本分。

2. 背誦佳句、參考範文，增進作文功力。

3. 固定練習各類文體寫作，培養手感。

4. 廣泛閱讀課外讀物，增進學識。

✡社會

◎歷史

a. 歷史著重時間感，了解事件因果關係，更能掌握歷史發展過程。

b. 利用年表圖、對照圖表比較同期歷史事件。

◎地理

a. 地理著重空間感，利用地圖、圖表，以圖像記憶最有印象。

b. 地理是社會科中最接近科學的科目，比起背誦，理解因果關係更重要。

◎公民與社會

關注時事。

✡數學

1. 理解每個主題的基本觀念，進而融會貫通。

2. 多算多練習，熟悉各類題型，不懂的部分立刻發問討論。

3. 重視圖表化記憶。

4. 重視章節性整合。

☆自然

1. 釐清觀念，了解公式背後的成因和意義，不要死背公式。

2. 從基本題型加深對原則的理解，最後應用在變化題上，由不同的角度切入，尋找答案。

3. 多算，多練習，事後一定要花時間弄懂。

4. 練習考古題可以掌握命題重點。

◎物理

a. 如對物理有興趣，可以先以大學的普通物理課程作為輔助。

◎化學

a. 化學科重視方程式，實驗課程一定要熟悉。

b. 化學式比較複雜，做對照表，比較彼此差別。

c. 近年化學學測考題多結合時事，多注意時事也有助於化學科準備。

◎生物、地球科學

a. 讀熟課本，畫圖表可以有效幫助理解記憶。

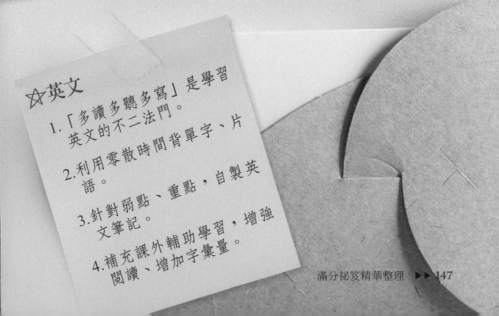

☆英文

1. 「多讀多聽多寫」是學習英文的不二法門。

2. 利用零散時間背單字、片語。

3. 針對弱點、重點，自製英文筆記。

4. 補充課外輔助學習，增強閱讀、增加字彙量。

☆滿分祕訣

1.作息正常，絕不熬夜。

2.課前預習、課中專心、課後複習加練習。

3.訂定目標及讀書計畫，努力朝目標前進。

4.時間分配有策略，善用零散時間學習。

5.找出最適合自己的學習方法、讀書環境。

6.把握自己的強項科目，不輕言放棄自己的弱項科
目，學習遇到問題一定趕快理解。

7.勤做筆記，把知識圖表化，用不同色筆清楚分層
重點。

8.熟練各式題型，勤寫考古題可快速抓出重點。

9.多看報紙新聞，接觸時事。

10.多一分準備，就多一分機會。

✡大考應考祕訣

●考前一個月

1.每天都有讀書進度，以章節來劃分概念才完整。

2.大量寫考古題，每天至少各科題本寫一回。

●考前一～二週

1.作息正常，絕不能熬夜，讓身體保持在最佳狀況。

2.調整作息及讀書時間和考試時程一模一樣。

3.特別針對重點、教科書和講義不了解的地方加強。

4.做密集性的複習。

5.行有餘力，可以每天寫一篇國文和英文作文給老師批改。

●考前一天

1.保持平靜，告訴自己一定沒問題。

●考試當天

1.不慌不忙答題，以平常心應試。

2.每科考試中間休息時，不要討論題目，避免影響心情。

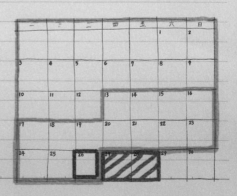

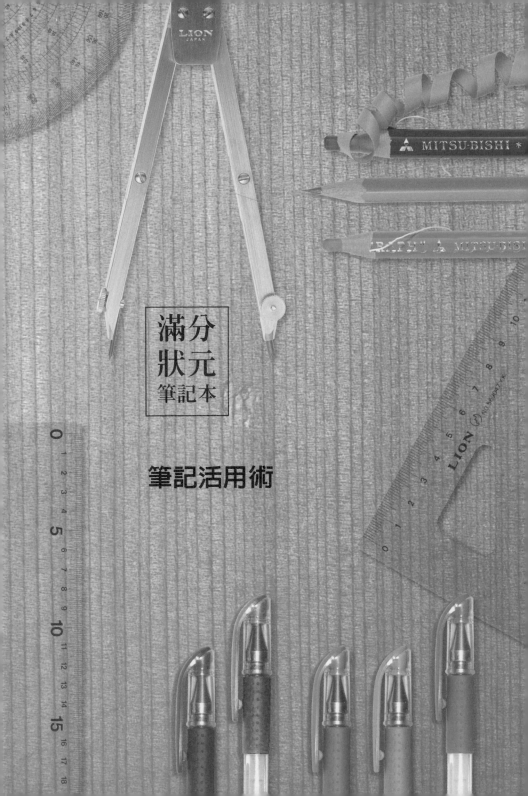

滿分
狀元
筆記本

筆記活用術

▶ 筆記活用術
——建國中學篇

老師的筆記：
預習加複習，做好筆記有效學習

上課認真、做好筆記是許多成績優秀學生學習的不二法門，臺北市建國中學數學老師李宗熹指出，記筆記要有方法，上課前應該先預習，要跟上老師的教學進度，回家再整理一次，才有助於學習。

建中教師李宗熹認為，認真記筆記有助學習。

李宗熹在建中任教二十多年，目前正在培訓該校數學優秀的學生，準備參加數學競賽。他說，大家都知道能夠上建中的學生都是來自各國中的佼佼者，多數都很聰明，這也讓老師相對要面臨很大的壓力，但這也是種動力，他常告訴學生「我不見得比你們聰明，但我比你們認真。」

他說，要讓學生對老師服氣，就必須花更多的時間準備教材，以數學科來說，其實教科書已講得非常詳細，但他仍

會準備完整的講義，提點學生學習重點及應該要記住的地方等。每位老師都有不同的上課方式，學生要從不同的教學模式中去學習，適應老師的教學才能學習到最多，記筆記就是強迫自己認真學習的方法之一。

但是記筆記也要有方法，李宗熹建議，學生在上課前要先預習，看到不懂的地方要做記號，老師上課講解後仍不了解，一定要問清楚，這樣比較能夠跟上老師的教學進度，否則一個地方聽不懂，老師再講新進度時，很可能因為前面不了解，接著就「卡住了」，影響後續的學習效果，或是因為漏聽一個環節，導致老師接著講的都無法聽懂。

他說，上課記筆記的好處，是可以促使自己專心聽講，進入老師的教學情境，了解老師要指導的內容、要傳達的訊息，而且記筆記有助加深自己的印象，最好是下課後或者回家後，把抄在課本上或講義上的筆記，再重新抄在筆記本上，把上課時來不及記的內容再加進去，這樣有助加深記憶。例如：數學題，會有不同的證明過程，就可以一一寫下演算，而且重抄一遍後就是自己的東西，考試時，再看自己的筆記即可。

李宗熹表示，學習沒有捷徑，不能怕麻煩，用對方法才能讓學習更有效率，認真的聽講、記下筆記就是不能偷懶的功課。

• 筆記活用術重點整理

1. 上課前先預習，看到不懂的地方做記號，老師講解後仍不了解，一定要問清楚。
2. 把抄在課本或講義的筆記，重新整理在筆記本上，複習時有助加深記憶。

▶ 筆記活用術
──建國中學篇

學生的筆記：
顏色區別筆記，重點一目了然

記筆記要花不少時間，但好好運用筆記，可以讓學習更有效率。臺北市建國中學高二學生林宗勳，平時就會把上課時記下的筆記，回家後再重新整理一次，考試前將自己記的重點複習一次即可。

建中學生林宗勳的筆記兼具整理觀念及考前複習的功用。

林宗勳的數學筆記相當清楚完整，他說，其他科的筆記方法也大同小異。他畢業於臺北縣永和國中資優班，以基測405分考上建中，沒有考滿分的科目是自然科及國文科。

林宗勳說自己的讀書方法就是上課時認真聽講，而且每科盡量在上課前先預習，但他也有點不好意思的說，要讀的書太多，有時沒有太多時間預習。他也不諱言還是有去補習

林宗勳的筆記記得仔細認真，他的數學筆記以圖表示概念，不同色筆區隔重點。

班，補的是物理科。

　　他記筆記的方法是上課聽老師講時，先記在講義或課本上，再以不同顏色的筆來區分重點，或是不清楚的部分等。上課時的筆記內容，他會再重抄一次。林宗勳說，不見得要等到回家再整理，因為分量會太多，有時利用下課的零碎時間，就可以把上課不太清楚的補足，這樣回去再想想，有不懂的也可以再補充上去。

　　林宗勳說，這樣經過整理的筆記，會讓自己對學習的重點有很清楚的了解，雖然要花點時間，但就等於自己複習一次，考試時看自己的筆記就是重點了。

• 筆記活用術重點整理

1. 上聽時先記在講義或課本上，再以不同顏色的筆來區分重點。
2. 利用時間整理上課筆記內容，同時複習。

▶ 筆記活用術
──永平高中篇

校長的筆記：
考卷筆記法，事半功倍避免犯錯

讀書要有正確有效的記筆記方法，拿到各種大小考試試卷，也可以有效率的從中檢視自己不清楚或錯誤不懂的地方，新北市永平高中校長李玲惠表示，她每年都會集合應屆畢業生，拿出模擬考卷，以兩枝不同顏色的色筆，傳授加深印象的學習方法，避免重複犯錯。

永平高中李玲惠校長每年都會傳授獨家筆記妙招。

李玲惠表示，會做有效的筆記可以事半功倍。筆記可以分為上課筆記與課後筆記兩類，上課筆記就是上課時，把老師在課堂上強調的重點，畫在課本上，或者清楚扼要在課本、講義的空白處所做的筆記；課後筆記就是把課堂上的記錄，重新整理到自己的筆記本上，或畫重點，或剪貼課本上重點，就是要歸納各科的精華，轉換成自己的東西，這樣

的學習才扎實，且自己手寫一遍也能加深印象。

　　還有一種課後筆記是應付考試用，不論大小考，考試完後，把答錯的地方、答題時有疑慮的地方，整理在筆記內，尤其是考古題、大考會出現的考題，更要注意，這些不會、答錯的地方重新整理記錄後，再面對考試時，若時間緊迫就可以直接看自己這些重點筆記。

　　李玲惠說，學生都很討厭考試，但從生涯規劃的觀點看，一生中就是要面對各種大小考試，就算不想考基測、學測、指考，學校畢業後進入職場，仍需要面對競爭，想到某公司或者政府單位任職，仍要考試，如何以正確的態度、有效的方法學習才重要。學會有效的筆記法，就可以幫助自己整理學習進度，也是知識管理的重要精神。

　　永平高中國三、高三的模擬考結束後，李玲惠都會集合學生，請他們帶著模擬考測驗卷，拿出兩種顏色的筆，看著自己答錯、不太懂的部分，用醒目或自己認為可以提醒的顏色筆畫下來，接著用夾子把考卷夾起來，這樣大考前，只要看這一疊已畫了重點的考卷即可。她還提醒學生，老師要學生罰寫是有意義的，對不懂的、似懂非懂的一定要重做一

次，針對錯誤找出答案，才能將知識融會貫通。

李玲惠不只以校長身分提醒學生注意，她更建議家長，每學期開學時可以帶著孩子去買筆記本、色筆、便利貼、長尾夾等文具，讓孩子用自己用心選擇的筆記本、自己喜歡的色筆，這樣他們才會有筆記本及筆都是屬於自己的感覺，會比較認真去做筆記，例如：地理課本的筆記本有各國風情的圖案、數學筆記有幾何圖案、英文筆記有俏皮的小貓等。

李玲惠提到她丈夫交大教授黃漢昌教導女兒做筆記的經驗，可以讓為人父母者參考。李玲惠說，女兒國中時很討厭讀歷史、地理，黃漢昌二話不說就站在女兒一方說：「對呀，歷史都是死人的東西，沒什麼好讀的，記不起來沒有關係。」得到女兒的認同後，接著再幫女兒整理課本的內容，一一筆記，像地理用畫圖的、歷史用講故事的，等於幫孩子把老師課本上講的內容，重新整理後記在筆記本上，更會利用機會讓孩子帶著地理課本出遊，驗證書本上的內容，這樣子的引導讓女兒對史地的看法大為改觀，學會去融會貫通書本的知識，後來還在史地考試拿下高分。

以自己的教學及教導女兒的經驗，李玲惠說，要讓孩

• 筆記活用術重點整理

1. 上課筆記：要清楚扼要。
2. 課後筆記：歸納各科上課筆記的重點，轉換成自己的東西。
3. 考卷筆記：將考試時答錯、不太懂的部分，用色筆標記，彙整所有考卷，供考試前複習。

子有效的去讀書，父母親扮演重要的支持及引導學習的角色，或許父母不懂得如何去教孩子做筆記，但可以塑造良好的學習讀書環境，例如：全家一起讀書、一起運動、一起為某個問題尋找答案，唯有這樣良好的互動，才能讓學習更精進更有效率。

李玲惠校長示範如何在試卷上畫重點。

NOTE：

_____

_____

_____

_____

_____

_____

_____

▶ 筆記活用術
——永平高中篇

學生的筆記：
顏色加圖表，統整複習不怕考試

翻開新北市永平
高中高三學生陳怡君
及余珮云的筆記，內
容整齊詳盡，連圖表
都十分清楚。細心的
陳怡君說，上課時，
老師講得很快，下課
後花時間統整一次，
有助重點學習。

永平高中陳怡君（右）、余珮云都是筆記高手。

陳怡君的各科筆
記本有著女孩子特有
的細膩，她以顏色加圖表，來做地理科的筆記，需要畫圖表
時，就會有各種圖示，或者相關關係的變化，對記憶重點很
有幫助。有時她還會影印課本部分內容，或者老師講義上的
重要註記，黏貼在筆記上，以補充學習的不足或者來不及記
的部分。

同班的余珮云也有類似的筆記方法，她常與陳怡君交換

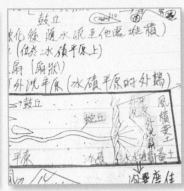

歷史筆記條列重點，頁面清楚乾淨。　陳怡君的地理筆記，重點清楚，圖文並茂。

讀書心得，她說，史地等科，以年代表來記憶、畫圖，「超好用的」，她也說，不同科目當然要有不同的方法，像她就會利用李玲惠校長指導的方法，在考卷上，用不同顏色的筆將答錯或不會的考題畫記號，加強自己的印象。

陳怡君說，雖然重抄或者重整理一次課堂筆記，要花不少時間，但這就是再一次的學習，而且自己動手做，等於複習上課重點，再加上老師的講義或者參考書的重點，不懂的再問老師或者找資料，就不怕考試了。

• 筆記活用術重點整理

1. 歷史、地理科顏色加圖表，對記憶重點有幫助。
2. 整理課堂筆記雖然會花時間，卻有助重點學習。

▶ 筆記活用術
──政大教授篇

政治大學英文系教授陳超明曾經開過如何記筆記的課程，他說，在國外記筆記是一門重要的課程，但在臺灣，這個學習的方法卻常被忽略，學生不知道如何正確有效的記筆記，也不懂為何要記筆記。

陳超明教授認為，筆記有個人風格，運用得當，可以為學習加分。

▶ 了解筆記，了解學習

【五目的】

陳超明說，記筆記有下列幾個目的：

一、記得重要資訊，或演講、研討會的訊息、新觀念等。

二、幫助自己上課或聽講時更專心，也考驗自己是否聽懂上課或演講的內容。

三、更容易準備考試的評量。

四、清楚快速的了解重點。

五、筆記是教科書、書本，或書面資料上不一定會有的重要資料。

【三形式】

記筆記的形式，陳超明表示大約有下列三種：

一、上課筆記：

上課時，有系統的依照上課內容記下來，這樣的筆記比較有邏輯，組織結構性強。

二、演講筆記：

聽演講時，記下講者說的重點或重要的觀念等，是印象式的記述，以重點為主。

三、閱讀筆記：

個人讀書時的重點摘記，透過閱讀轉換成自己的思維，重要的是經由消化再轉換成自己思維的過程，可以檢驗自己有沒有徹底了解所研讀的內容。

【五通則】

做筆記的通則，他指出下列幾點：

一、閱讀或上課筆記，要能持續的記，否則知識會片斷。

二、一般的演講筆記，演講者大約一分鐘講一百至一百二十個字，筆記最快一分鐘記二十五個字，因此記筆記時要做選擇，可以選擇性、有組織的記錄，不見得需要忠實的全部寫下來，而是要記重點，最好能記下關鍵字或重要的觀念。

三、筆記可以簡單但要有重點，記下有意義或重要資訊。

四、任何手寫筆記，都要注意，記的當下不必在乎文句、文法、拼法甚至字體，但重要的是，事後自己要看得懂，筆跡不能太潦草或文句太簡要，以免自己都無法辨識。

五、可以發展自己的寫作或記筆記的方式。建議用名詞或關鍵字來歸類，還要記下記筆記的時間、地點。

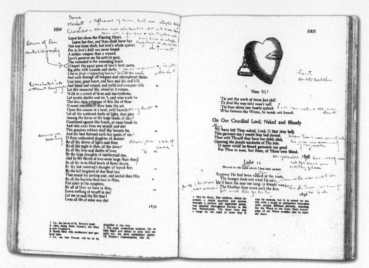

陳超明教授的大學筆記，空白處都寫滿課堂上的紀錄，下課後再重新整理。

【筆記三法】

一、大綱：

　　以簡報檔或綱要為主，重點摘要，不需完整的句子，大都為片語或關鍵字。

　　（提醒：記大綱的方式，重要的是除大綱外還要有細節，有主軸另有主要的資料支撐，旁邊還有相關的介紹。）

二、圖形法：

閱讀筆記或演講筆記，可以使用圖形（如：關係圖、流程圖、圓形或pie圖等），來指出不同觀念間的關係或邏輯發展。

三、重點法：

補充前兩種的方法，例如：閱讀筆記旁邊寫二、三個字的重點字，以提綱挈領。

此外，在文字上畫線也是筆記法之一。

▶康乃爾筆記法，從記錄到複習

最常用的筆記法非「康乃爾筆記法」（The Cornell Note-taking System）莫屬，共有五個R的內容與功能，五R分別代表：

Record 　記錄：盡量記下重要的內容、觀念。

Reduce 　精簡：摘要記上有意義的敘述，相關關係、
　　　　　　　強化重點記憶，精簡一些重點。

Recite 　複誦：把記錄欄蓋起來，只以左邊記下的重
　　　　　　　點，先試著以自己的話來說或解釋記
　　　　　　　錄下來的內容，接著打開剛蓋住的部
　　　　　　　分，看自己的理解是否正確。

Reflect 　回溯：從頭回想聽講的內容，有組織的記上
　　　　　　　重點。

Review 　複習：複習時只要再看自己記的筆記重點即
　　　　　　　可。

Recall （回溯欄）四R	Record （記錄欄）一R
Reduce　精簡	Record　記錄
Recite　複誦	
Reflect　回溯	
Review　複習	

　康乃爾的筆記法是將筆記本（紙），分成兩大區，右欄是主要的筆記記錄欄（Record），左欄就是回溯欄

（Recall），主要涵蓋精簡（Reduce）、複誦（Recite）、回溯（Reflect）、複習（Review）等功能與記錄方式。

簡而言之，就是重點記錄資料，寫下重點後，要回想、複習的過程。

Our Crucified Lord, Naked and Blo

have left Thee naked, Lord, O that they had
s garment too I would they had denied.
e with Thyself they have too richly clad,
ening the purple wardrobe of Thy side.
) never could be found garments too good
or Thee to wear, but these, of Thine own blo

Luke 11
Blessed be the paps which Thou hast sucked.

ppose He had been tabled at thy teats,
Thy hunger feels not what He eats;
e'll have his teat ere long (a bloody one)
The Mother then must suck the Son.

e emblem, which ex-   can be opened but it is se

▶ 演講到上課，關鍵字歸納筆記

陳超明說，依據不同的場合，記筆記要有不同的方法與進行方式，聽演講、上課筆記、閱讀筆記都有所不同。

【上課筆記三步驟】
一、上課前先預習，事先看課本、章節、大綱，清楚章節結構，就會對老師上課講的內容有大概的了解。

二、運用康乃爾筆記法，左欄寫課本內容及課本的章節，也可以記下看不懂的地方。右邊記錄欄內，記下上課老師所說的相關對應內容或對問題的解答等。

三、複習時直接看老師授課時的重點筆記內容即可。

【演講筆記三原則】

一、開場準時到，必要時坐在前面

講者會說今天的重點內容是什麼，所以千萬不要遲到！坐在前面，也比較能看清楚簡報檔的內容。

二、演講過程中，注意講者強調的重點

注意講者重複的話語、大聲說出來的地方、放慢速度說出來的話、重複簡報檔的內容文字等，都是講者想要強調的重點。

三、關鍵字、轉折語要注意

例如：如果、但是、無論如何（however, but）等後面的字眼很重要。講者語氣停頓後的敘述也不要忽略；還有講者會有第一、第二點等各項重點。

【閱讀筆記三方法】

一、將觀念閱讀心得記在活頁紙，或六公分乘十公分的卡片上，一個觀念一張卡片，方便隨時查詢，或以活頁方式方便增減更換。

二、可以左邊寫評論、右邊寫原文，或者把資料影印下來，以免未來引用錯誤。

三、記時寫上出處、頁數，方便查證。要寫清楚分類，才容易歸檔和方便尋找。

▶找出個人筆記法，陳超明有一套

陳超明有一套自己的記筆記方法，他強調，記筆記的方法很多，每個人都有各自的記憶方式，重要的是要找出適合個人的筆記法。陳超明讀臺大外文系時，他的筆記工整、完

整、詳細，對於考試複習或整理重點，都很有幫忙。日後念碩士、甚至到美國攻讀博士都是使用這些方法。

陳超明的筆記詳細到老師在哪一個階段說了什麼笑話，都一一記下，他不只是上課記筆記，下課後還會再將上課的筆記重新整理一次，如果有漏掉，就會去圖書館找資料，將資料補充進去。

這種方式的筆記法，不僅是考驗一個人上課的認真，更需要有很好的記憶力與整理、查詢資料的工夫。陳超明說，他可以「一心二用」，一邊聽老師講課的內容，實際是在記老師五分鐘前說的話，但卻又總能正確的記下所有老師剛剛說的話。

他說，能夠這樣一心兩用，要歸功於小時候與阿嬤相處，無心之下的訓練。他回憶說，上小學時，阿嬤愛看連續劇，可是阿嬤聽不懂國語，那時候他都是在客廳一邊做功課，一邊要負責將男、女主角說了什麼翻譯成臺語給阿嬤聽，於是他寫功課時一邊要專注在自己的作業上，還要分心去聽連續劇內容，接著要立即口譯給阿嬤聽。那時只是不得不做的小小翻譯工作，沒想到卻意外幫助他日後的學習與記憶。

957

The Ecstasy

Where, like a pillow on a bed,
　A pregnant bank swelled up to rest
The violet's reclining head,
　Sat we two, one another's best.
Our hands were firmly cemented
　With a fast balm, which thence did spring, 5
Our eye-beams twisted, and did thread
　Our eyes upon one double string;[1]
So to intergraft our hands, as yet
　Was all our means to make us one, 10
And pictures in our eyes to get
　Was all our propagation.
As 'twixt two equal armies, Fate
　Suspends uncertain victory,
Our souls (which to advance their state, 15
　Were gone out) hung 'twixt her and me.
And whilst our souls negotiate there,
　We like sepulchral statues lay;
All day the same our postures were,
　And we said nothing all the day. 20
If any, so by love refined
　That he soul's language understood,
And by good love were grown all mind,
　Within convenient distance stood,
He (though he know not which soul spake, 25
　Because both meant, both spake the same)
Might thence a new concoction[2] take,
　And part far purer than he came.
This ecstasy doth unperplex,[3]
　We said, and tell us what we love; 30
We see by this it was not sex;
　We see we saw not what did move;[4]
But as all several souls contain
　Mixture of things, they know not what,
Love these mixed souls doth mix again 35
　And makes both one, each this and that.
A single violet transplant,
　The strength, the color, and the size
(All which before was poor, and scant)
　Redoubles still, and multiplies. 40

1. Joining hands and eyes is the only intercourse of the two lovers: "eye-beams" are invisible shafts of light, thought of as going out of the eyes and enabling one to see things.
2. Purified mixture.
3. I.e., separate and clarify.
4. I.e., we see that we did not understand before what motivated ("did move") us.

筆記活用術　▶▶ 169

滿分狀元筆記本

2011年3月初版   定價：新臺幣299元
有著作權・翻印必究
Printed in Taiwan.

著　　者	聯 合 報 編 輯 部
發 行 人	林　載　爵

出 版 者	聯 經 出 版 事 業 股 份 有 限 公 司	叢書主編	黃　惠　鈴
地　　址	台 北 市 基 隆 路 一 段 1 8 0 號 4 樓	編　輯	張　倍　菁
編輯部地址	台 北 市 基 隆 路 一 段 1 8 0 號 4 樓	整體設計	蕭　玉　蘋
叢書主編電話	(0 2) 8 7 8 7 6 2 4 2 轉 2 1 3	校　對	趙　倍　芬
台北忠孝門市 ：	台 北 市 忠 孝 東 路 四 段 5 6 1 號 1 樓		
電　　話 ：	(0 2) 2 7 6 8 3 7 0 8		
台北新生門市 ：	台 北 市 新 生 南 路 三 段 9 4 號		
電　　話 ：	(0 2) 2 3 6 2 0 3 0 8		
台 中 分 公 司 ：	台 中 市 健 行 路 3 2 1 號		
暨 門 市 電 話 ：	(0 4) 2 2 3 7 1 2 3 4 e x t . 5		
高 雄 辦 事 處 ：	高 雄 市 成 功 一 路 3 6 3 號 2 樓		
電　　話 ：	(0 7) 2 2 1 1 2 3 4 e x t . 5		
郵 政 劃 撥 帳 戶 第 0 1 0 0 5 5 9 - 3 號			
郵 撥 電 話 ：	2 7 6 8 3 7 0 8		
印 刷 者	文 聯 彩 色 製 版 印 刷 有 限 公 司		
總 經 銷	聯 合 發 行 股 份 有 限 公 司		
發 行 所 ：	台 北 縣 新 店 市 寶 橋 路 2 3 5 巷 6 弄 6 號 2 樓		
電　　話 ：	(0 2) 2 9 1 7 8 0 2 2		

行政院新聞局出版事業登記證局版臺業字第0130號

國家圖書館出版品預行編目資料

滿分狀元筆記本/聯合報編輯部著.
初版 . 臺北市 . 聯經 . 2011年3月
（民100年）. 180面 . 14.8×21公分
ISBN　978-957-08-3776-6（平裝）

1.學習方法　2.筆記法

521.1　　　　　　　　　　100002782

聯經出版事業公司

信用卡訂購單

信 用 卡 號：□VISA CARD □MASTER CARD □聯合信用卡

訂 購 人 姓 名：＿＿＿＿＿＿＿＿＿＿＿＿＿＿＿＿＿＿＿

訂 購 日 期：＿＿＿＿＿＿年＿＿＿＿＿月＿＿＿＿＿＿日　(卡片後三碼)

信 用 卡 號：＿＿＿＿ ＿＿＿＿ ＿＿＿＿ ＿＿＿＿

信 用 卡 簽 名：＿＿＿＿＿＿＿＿＿＿＿(與信用卡上簽名同)

信用卡有效期限：＿＿＿＿＿年＿＿＿＿月

聯 絡 電 話：日(O)：＿＿＿＿＿＿＿夜(H)：＿＿＿＿＿＿

聯 絡 地 址：□□□＿＿＿＿＿＿＿＿＿＿＿＿＿＿＿＿＿

＿＿＿＿＿＿＿＿＿＿＿＿＿＿＿＿＿＿

訂 購 金 額：新台幣＿＿＿＿＿＿＿＿＿＿＿＿＿＿元整

（訂購金額 500 元以下,請加付掛號郵資 50 元）

資 訊 來 源：□網路　□報紙　□電台　□DM □朋友介紹
□其他＿＿＿＿＿＿＿＿＿＿＿＿＿＿

發　　　票：□二聯式　　□三聯式

發 票 抬 頭：＿＿＿＿＿＿＿＿＿＿＿＿＿＿＿

統 一 編 號：＿＿＿＿＿＿＿＿＿＿＿＿＿＿＿

※ 如收件人或收件地址不同時，請填：

收 件 人 姓 名：＿＿＿＿＿＿＿＿＿＿＿＿□先生　□小姐

收 件 人 地 址：＿＿＿＿＿＿＿＿＿＿＿＿＿＿＿

收 件 人 電 話：日(O)＿＿＿＿＿＿＿夜(H)＿＿＿＿＿＿

※茲訂購下列書種,帳款由本人信用卡帳戶支付

書　　　　　名	數量	單價	合　計
總　　計			

訂購辦法填妥後

1. 直接傳真 FAX(02)27493734
2. 寄台北市忠孝東路四段 561 號 1 樓
3. 本人親筆簽名並附上卡片後三碼(95 年 8 月 1 日正式實施)

電 話：(02)27627429

聯絡人:王淑蕙小姐(約需 7 個工作天)